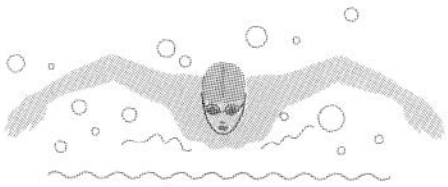

［革命バタフライ］ミニフライ

誰でも泳げるようになるバタフライの動き方

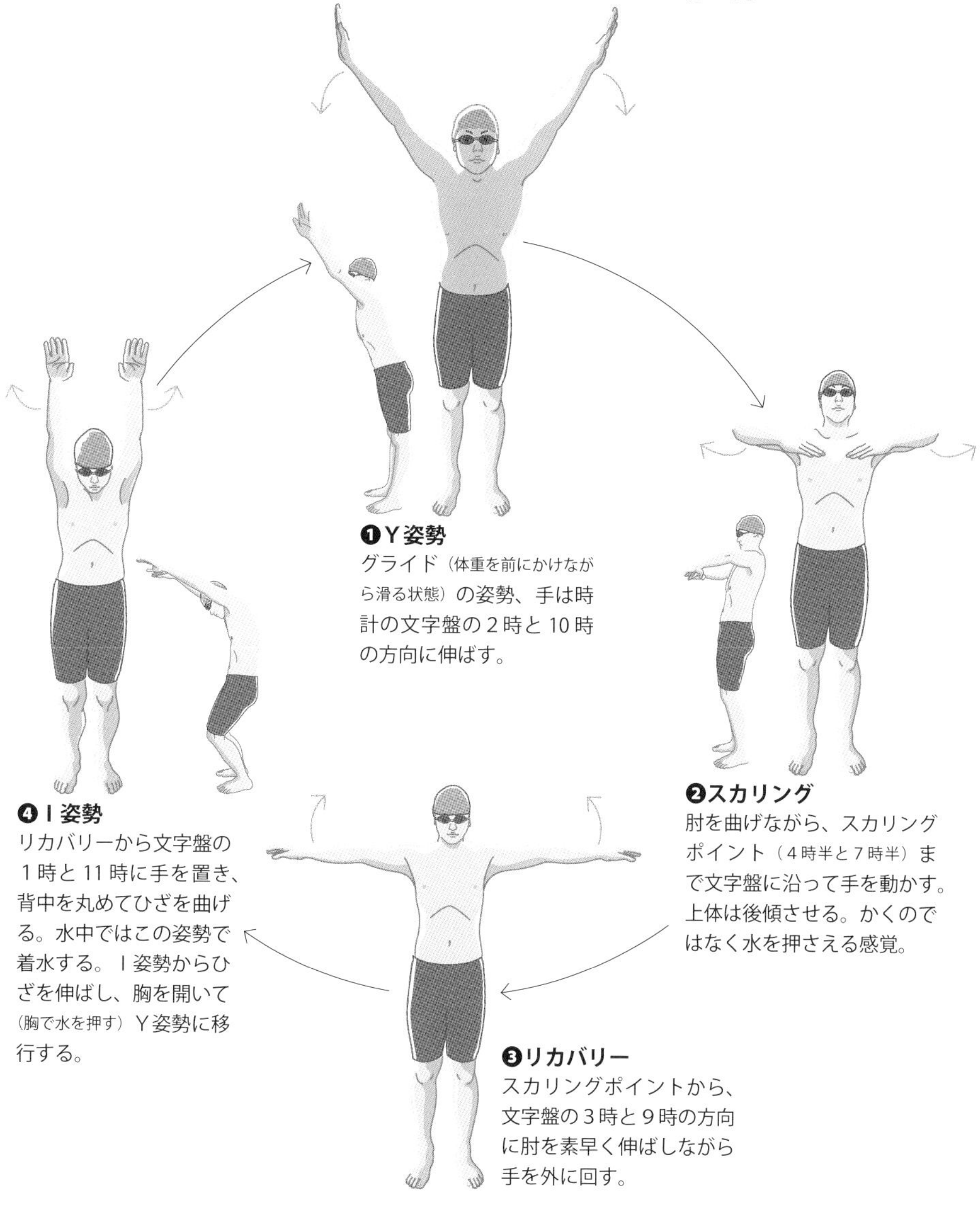

❶Y姿勢
グライド（体重を前にかけながら滑る状態）の姿勢、手は時計の文字盤の２時と10時の方向に伸ばす。

❷スカリング
肘を曲げながら、スカリングポイント（４時半と７時半）まで文字盤に沿って手を動かす。上体は後傾させる。かくのではなく水を押さえる感覚。

❸リカバリー
スカリングポイントから、文字盤の３時と９時の方向に肘を素早く伸ばしながら手を外に回す。

❹Ｉ姿勢
リカバリーから文字盤の１時と11時に手を置き、背中を丸めてひざを曲げる。水中ではこの姿勢で着水する。Ｉ姿勢からひざを伸ばし、胸を開いて（胸で水を押す）Ｙ姿勢に移行する。

ロング・バタフライ完成形

時計盤の 1 時と 11 時の方向に手を運び ❻

着水 ❼

I 姿勢から足で水を押さえて ❽

❾

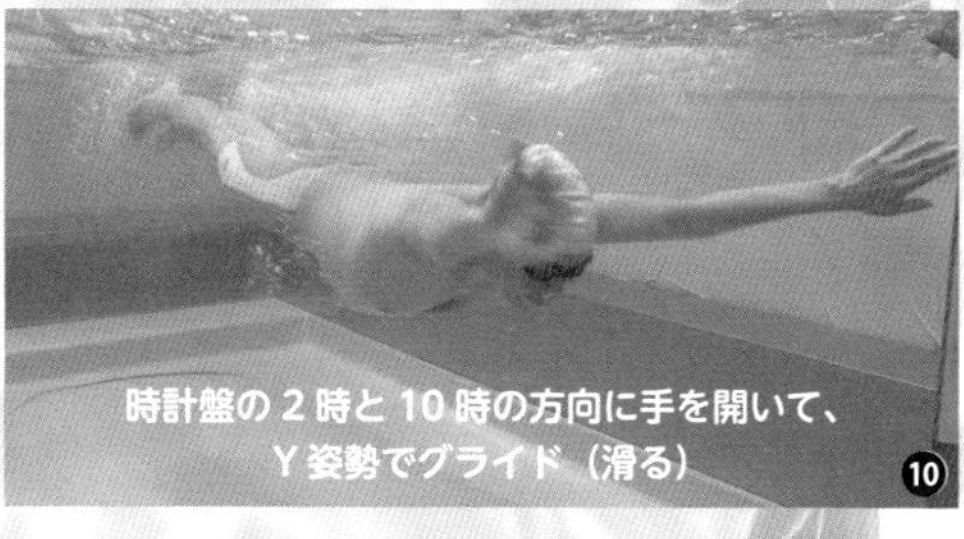

時計盤の 2 時と 10 時の方向に手を開いて、
Y 姿勢でグライド（滑る） ❿

フルフライ（最後まで水を押す）でスピードアップ

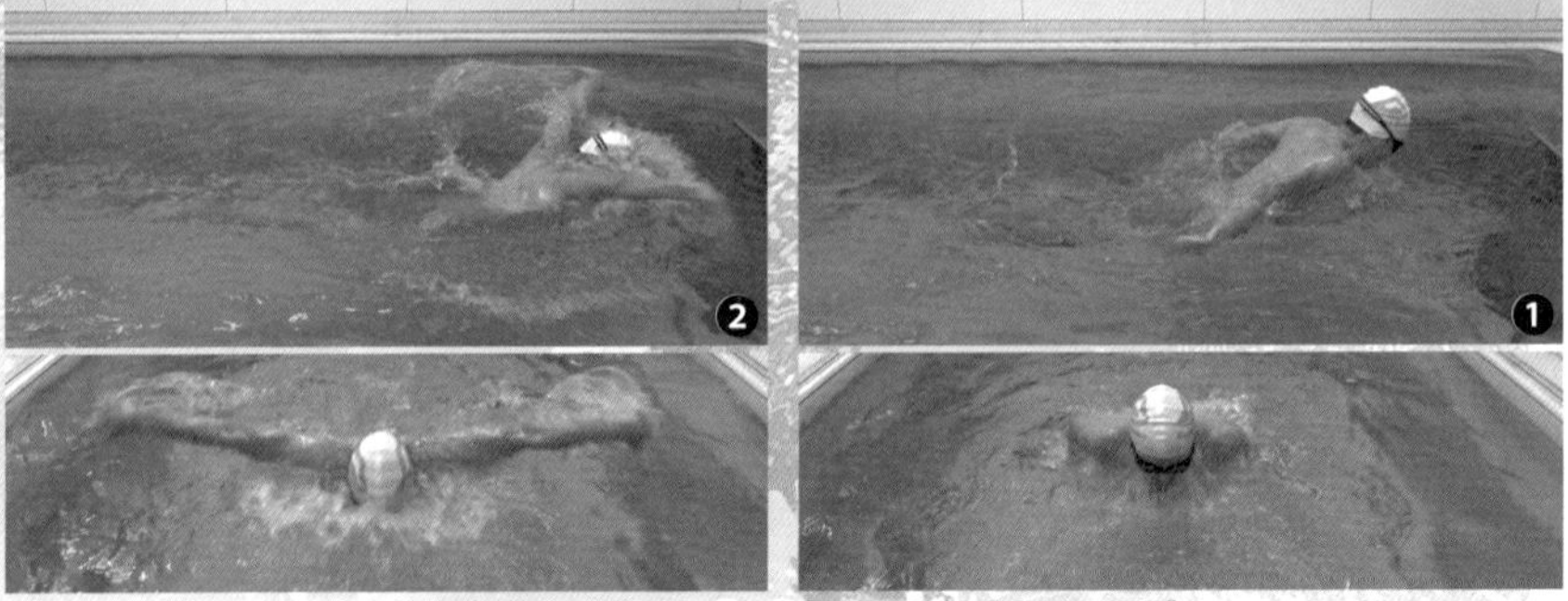

上体を上げて、プッシュとキックでからだを前に飛ばす

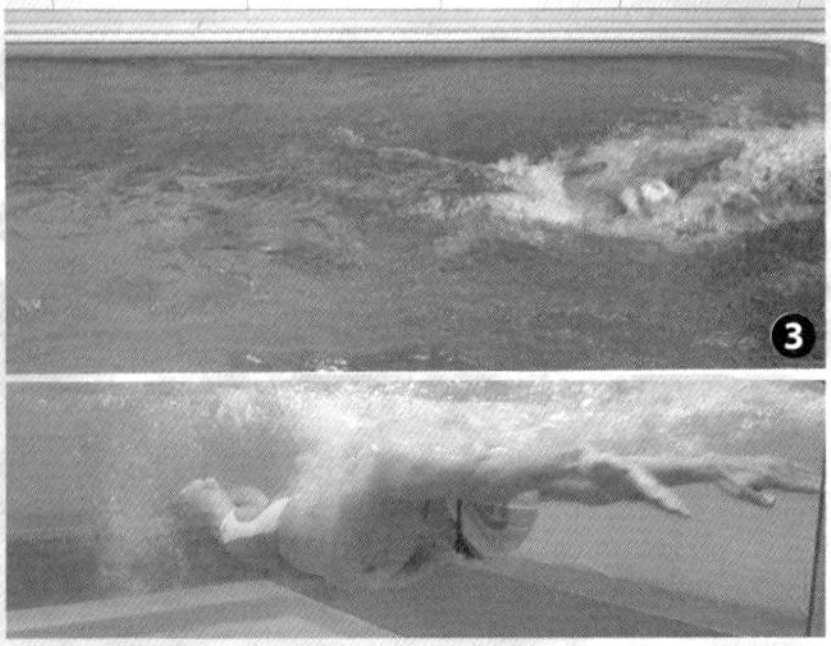

ボディドルフィンでスムーズなうねりを習得する

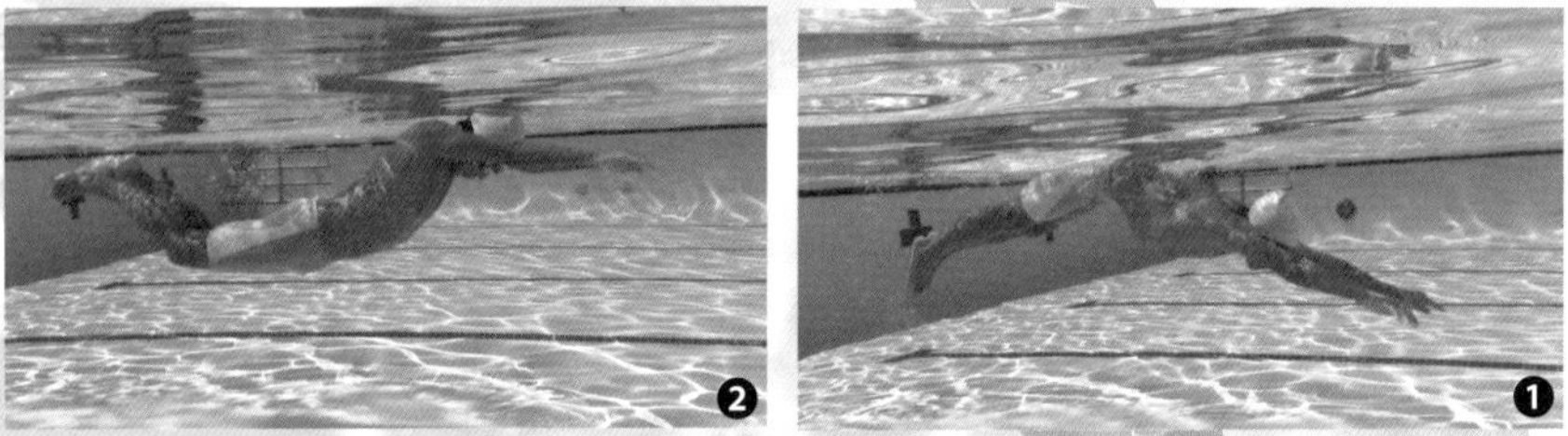

胸で水を前に押し出すことがポイント

革命バタフライ
Revolutionary Butterfly

竹内慎司
Shinji Takeuchi

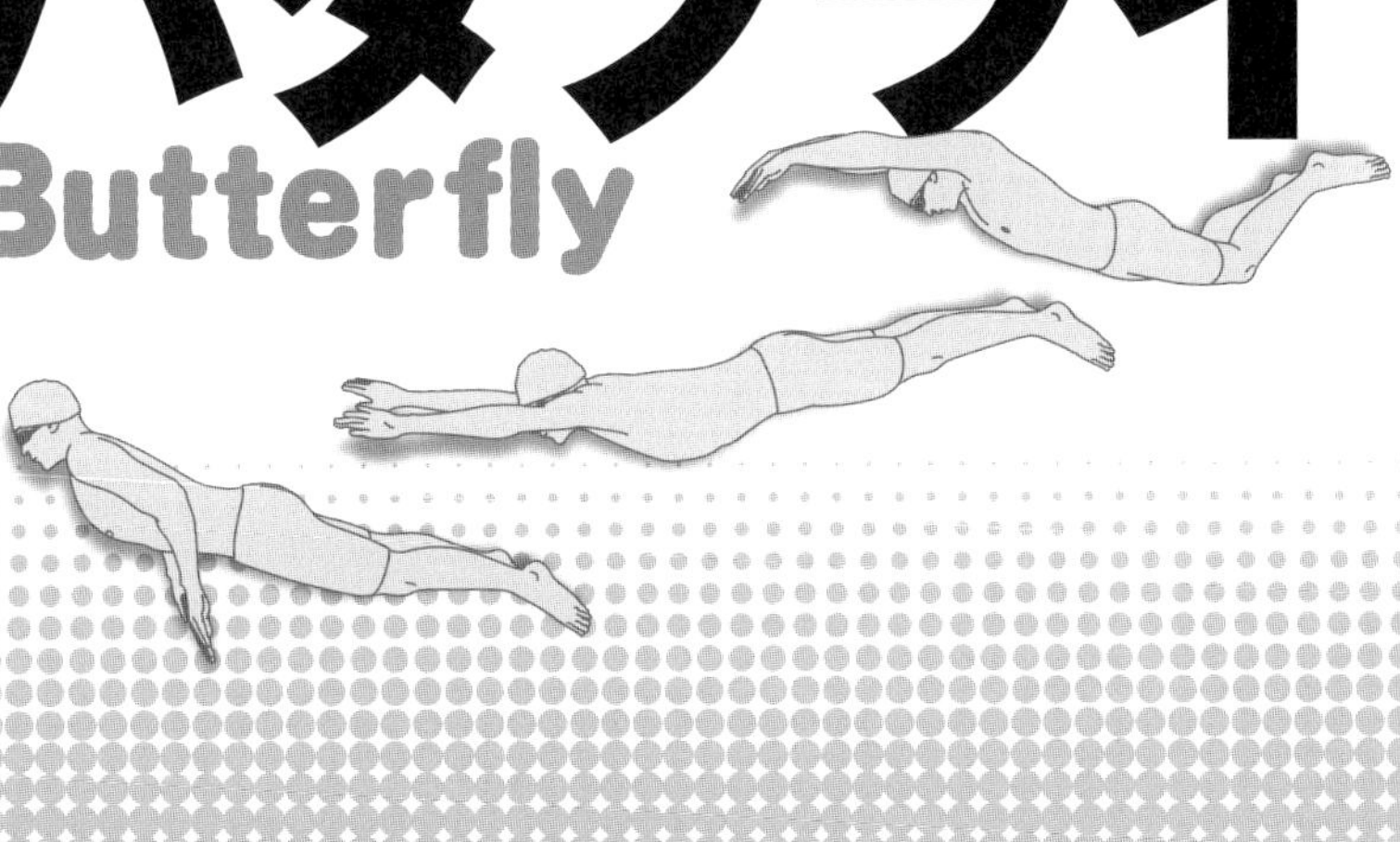

晶文社

＊本書の使い方

・文章と分解写真を見て、内容（目的）を理解しましょう。
・動画を見て、動きの流れをイメージしましょう。
動画は、QRコードを読み取っていただくか、ブラウザのアドレスバーに掲載してあるアドレスを入力いただくと視聴可能です。
・文章と動画に繰り返し触れながら、動作の実践をしましょう。
・「フォローアップコース」（登録無料）にご登録いただくと、練習メニューのPDFファイルが入手でき、本書に掲載されているビデオを一覧で見ることが可能になります。ぜひアクセスください。
ユーザー登録の方法については、234頁を参照願います。

装丁＋イラスト：河村誠

革命バタフライ　目次

序章 「泳げる！」への一番の近道はバタフライだった……10

泳げない人にこそ、バタフライのすすめ！

1 イントロダクション……10

2 アスリートでもなかったメタボ中年オヤジが世界一美しいスイマーになったワケ……11

3 実は難しいクロール……15

両手が異なる動きをする／両足が異なる動きをする／息継ぎが難しい

4 実は簡単なバタフライ……18

両手が同じ動きをする／両足が同じ動きをする／息継ぎがカンタン／うつ伏せの姿勢で泳げる

5 革命バタフライ、重要なのは三つのフェーズ……20

6 メリットしかない、革命バタフライ……22

運動量が圧倒的に多い／からだが締まって見栄えがよくなる／注目され、尊敬される／学習しやすい／実は泳ぐのがラク！

7 簡単で効果的で楽な道を選んでください……26

バタフライは最後に取り組む種目ではない／泳法の王様バタフライを皆で習得しよう！

第1章 泳げない人ほど知ってほしい、泳ぎの秘密 28

1 誰でも歩けるのに、誰でも泳げるわけではないのはなぜ? 28

2 泳ぐとは何か 31

3 思い込みをリセットする 33
間違った思い込み/新しいマインドセット

4 「泳ぎの本質」にしたがってバタフライを考える 36
大人のバタフライのポイント

5 こんなバタフライはうまくいかない 39
良かれと思ってやってしまうこと/思った通りに動けないで起こるエラー/無意識に行ってしまっているエラー

6 こんなバタフライはうまくいっている 43

7 では、うまくいくバタフライ=「革命バタフライ」を習得するにはどうしたらよいか 44
大人がバタフライをラクに泳ぐための「考え方」を理解する
新しい「考え方」に基づいた姿勢や動きを技術として身につける
上達に合わせて身につける技術のレベルを高める

第2章 バタフライから始めよう! 47

革命バタフライ習得マップ

1 「技術」を身につけるための基礎知識 47
ストロークフェーズ

【ダイブ】【ストローク】①スカリング　②プッシュ　③リカバリー　④エントリー
【キック】①第1キック　②第2キック
姿勢の基本【Y姿勢】【I姿勢】
動作の基本【手の動かし方】【足の動かし方】
2　バタフライを泳ぐために、どのような泳ぎ方をすればよいのか……55
目標に合わせて段階にする／ラクラク・バタフライの泳ぎ方
長くラクに泳げるロング・バタフライの泳ぎ方／速いスピード・バタフライの泳ぎ方
3　バタフライのために必要な「技術」……58
ラクラク・バタフライに必要な技術／長く泳げるロング・バタフライに必要な技術
速いスピード・バタフライに必要な技術
4　「技術」を身に着けるためのステップ……60
バタフライをラクに泳ぐ技術を身に着ける　ラクラク・バタフライ
バタフライを長くラクに泳ぐ技術を身に着ける　ロング・バタフライ
バタフライを速く泳ぐ技術を身に着ける　スピード・バタフライ
5　「技術」を身につけるために必要な練習とは……63
ドライランド練習／プール練習

第3章
ラクラク・バタフライ……66
25メートルをラクに泳ぐ
1　ラクに泳ぐための動作……66
ラクに泳ぐための推進力／ラクに泳ぐための手の動かし方／ラクに泳ぐための足の動かし方／

ラクに泳ぐためのからだの動かし方／ラクに泳ぐための息継ぎの仕方
2 ラクに泳ぐための学習ステップ …… 69
手の動かし方／からだの上下動に合わせた手の動かし方（ボビング）／ダイブ／動作の組み合せ
3 ラクラク・バタフライ　ドライランド練習 …… 70
Y姿勢とI姿勢／水押し／スカリング／Y姿勢へのリカバリー／スカリングからY姿勢へのリカバリー／ボビング水押しースカリングーリカバリー／エントリー／ストローク／キック／キックでダイブ／ストロークからキックでダイブ
4 ラクラク・バタフライ　プール練習 …… 88
呼吸の練習／立位手伸ばしリハーサル／立位スカリングリハーサル／立位リカバリーリハーサル／立位ストロークリハーサル（Y着水）／腰掛けリハーサル／立位ボビング／腰掛けボビング／足のスライド／うつ伏せボビング／連続息継ぎ（足着き）／両手前グライド／キックでダイブ／連続息継ぎ（Y着水）／立位エントリーリハーサル／立位ストロークリハーサル（I着水）／連続息継ぎからエントリー／立位ダイブリハーサル／連続息継ぎからストローク1回／連続息継ぎからストローク2回／ラクラク・バタフライ完成形

第4章
ロング・バタフライ …… 122
200～1500メートル以上をラクに泳ぐ
1 長く泳ぐための動作 …… 122
長く泳ぐための推進力／長く泳ぐための手の動かし方／長く泳ぐための足の動かし方
長く泳ぐためのからだの動かし方

2 長く泳ぐための学習ステップ……123
ダイブからの手の動き／キックでダイブ／ミニフライ
3 ロング・バタフライ　ドライランド練習……124
ダイブから一姿勢／ダイブから水押し／ダイブからスカリング／
加速エントリー（肩の横から）／ダイブから1ストローク／キックで下押し／
キックでダイブ（2ステップ）／キックでダイブ（連続）／
加速エントリーからキックしてダイブ（肩の横から）／ミニフライ
4 ロング・バタフライ　プール練習……136
正面倒れ込み／ジャンプ／体幹グライド／両手前グライド／両手前ダイブ／
ダイブから一姿勢／ダイブから水押し／ダイブからスカリング／
立位加速エントリーリハーサル（肩の横から）／加速エントリー（肩の横から）／
ダイブから1ストローク／キックで下押し／キックでダイブ（2ステップ）／
キックでダイブ（連続）／加速エントリーからキックしてダイブ（肩の横から）／
ダイブから1ストロークしてキックでダイブ／立位ミニフライリハーサル／
ダイブからミニフライ3回／ロング・バタフライ完成形
5 バタフライのターン……165
休みながらのターン／休みを入れないターン

第5章
スピード・バタフライ
100～200メートルを速く泳ぐ……168
1 速く泳ぐための動作……168

速く泳ぐための推進力／速く泳ぐための手の動かし方／速く泳ぐための足の動かし方／
速く泳ぐためのからだの動かし方

2 速く泳ぐための学習ステップ …… 170
加速エントリー／水中ストロークから飛び出し／フルフライ

3 スピード・バタフライ ドライランド練習 …… 170
加速エントリー（肩の後ろから）／加速エントリーからキックしてダイブ（肩の後ろから）／
水中ストローク／キックしながらー姿勢／キックしながらプッシュ／ダイブから飛び出し／
飛び出しからリカバリー／フルフライ

4 スピード・バタフライ プール練習 …… 182
立位加速エントリーリハーサル（肩の後ろから）／加速エントリー（肩の後ろから）／
加速エントリーからキックしてダイブ（肩の後ろから）／立位水中ストロークリハーサル／
ダイブから水中ストローク／キックしながらー姿勢／キックしながらプッシュ／
ダイブから飛び出し／立位飛び出しからリカバリー／立位フルフライリハーサル／
ダイブからフルフライ／ダイブからフルフライ3回／スピード・バタフライ完成形

第6章 目標・距離別練習メニュー …… 203

1 練習のデザイン …… 203
ドライランド練習とプール練習のバランス／ドリル練習とバタフライ完成形練習のバランス／
バタフライ完成形練習の高度化ステップ

2 プール練習の種類 …… 205
ドリル練習／チェックポイント練習／ストローク・コントロール練習／

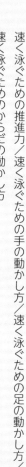

レスト練習／ディスタンス練習／スプリント練習
3 ラクラク・バタフライ　練習メニュー …… 214
ラクラク・バタフライ　練習メニューについて
4 ロング・バタフライ　練習メニュー …… 215
ロング・バタフライ　練習メニューについて
5 スピード・バタフライ　練習メニュー …… 217
スピード・バタフライ　練習メニューについて

第7章 さらに「スゴイ・バタフライ」を目指す
より美しく、より速く

…… 219
1 プールで注目を集める「美しくて速いバタフライ」とは …… 219
少ない水しぶき／低いリカバリー／低い息継ぎ姿勢／リズミカルなうねり
2 美しくて速いバタフライの技術を磨くドリル …… 222
リカバリーのリハーサル／頭の位置のリハーサル／ダイブから息継ぎしてリカバリー／ボディドルフィン
あとがき …… 229

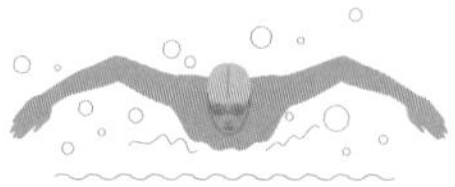

序章

「泳げる！」への一番の近道はバタフライだった

泳げない人にこそ、バタフライのすすめ！

1 イントロダクション

あなたはプールでバタフライを泳いでいる人を見たことがありますか？
どんな印象を持ちましたか？
カッコいいと思いましたか？
自分もあんな風に泳げたらいいな、と思いましたか？

ではあなた自身が、バタフライを華麗に泳ぐ姿を想像してみてください。
しかも30分近く泳ぎ続けることができたらどうでしょうか？
さらにそれがたった2～3か月で実現できるとしたら……？

これらすべてを実現するのがこの本です。

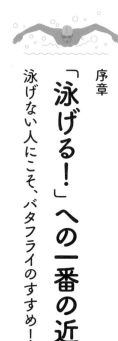

本書は、

「大人になってから水泳を始めた人が、ごく短い期間で美しいバタフライを泳げるようになる」

という目標を達成するために作られています。

2 アスリートでもなかったメタボ中年オヤジが世界一美しいスイマーになったワケ

私は水泳の指導を生業にしている竹内慎司と申します。

ところが過去に水泳の選手だったわけでもなければ、スポーツ万能だったわけでもありません。大学を卒業してから大手シンクタンクでコンサルタントとして働き、米国に移ってからはカリフォルニア州のシリコンバレーでインターネット関係の会社を経営していました。

それではなぜ水泳とは無関係の私が、世界で水泳を教えるようになったのでしょうか。

カリフォルニア州といえば移動手段は自動車しかありません。またレストランで提供される食事の量が日本の2倍はあります。このような生活の中で渡米後20キログラム近く体重が増えてしまい、医者からは「運動しないと確実に糖尿病になる」と告げられました。35歳のときです。

しかし生来の運動嫌いかつ運動オンチ……。会員になったスポーツクラブも、3年間で2回しか行かずに結局やめてしまった経験もあるほどです。そんな**私が唯一できるスポーツが、水泳でした**。というのも、幼少期にスイミングクラブに通って泳ぎ方を学んでいたのです。

このように運動における選択肢がない中で仕方なく再び始めた水泳ですが、昔取った杵柄、とはいかず、25メートルも泳ぐと息が切れてしまい、医者が勧める「30分の運動」にはとうてい至りませんでした。

これではまずいと思い水泳を一から学習しようと決心して、トータル・イマージョンというメソッドのビデオを購入しました。独学ではありましたが、**「泳ぎの理論」**をきちんと勉強し、理解することによって、ラクに長く泳げるようになっただけでなく減量にも成功しました。

友人にもこのやり方で教えたところ、**ほぼ泳げないというレベルから、わずか3週間で45分続けて泳げるようになりました**。これほど効果的な水泳学習法があるなら、日本でぜひこのやり方を広めたいと考え、コーチの資格を取得して、２００４年に米国で、２００５年に日本でレッスンを始めました。

「泳ぎの理論」に基づくクロールを泳いでいると、日本のプールでは多くの人から「きれいに泳いでいますね」と声をかけられました。そこで世界の人はどのように感じるかYouTubeにビデオを登録したところ、世界１５４か国で９９０万回再生（２０２１年9月現在）のアクセスを得ることができました。著名なスイマーの中では世界一のアクセス数であると同時に、**「世界一美しく泳ぐスイマー」**として世界中で認識されています。（竹内慎司のクロールのビデオ：https://youtu.be/rJpFVvho0o4)

バタフライ見本
https://eswim.club/videos/D44000cccd.html

何よりも重要なことは、この「世界一美しい泳ぎ」を誰もが手に入れられる、ということです。この後でもお話いたしますが、あらゆる運動には二つの習得方法があります。一つは本能的に覚える方法（こちらが運動オンチでも幼少期に泳げた理由）、もう一つが**原理を考え、学ぶことでできるようになる方法**（こちらが世界一美しい泳ぎを可能にした理由）です。

後者の方法を選ぶことで、誰でも時間をかけ、継続的に取り組むことで必ず実現できるようになります。

エンジニア出身である私は、「美しく見えるためには何をすればよいか」を定義して、その定義通りにからだを動かすように動きをデザインし、そのデザイン通りにからだが動かせるように練習するということを行いました。こうして得られた「学習法」を用いることで、料理のレシピと同じように、誰でも同じ結果を出すことができます。

自らが見出したやり方で実際に効果が上がることを証明するために、米国マスターズ大会やオープンウォーターのレースにも参加してきました。マスターズでは参加したすべての大会で、10年以上自己ベスト記録を更新し続けることができました。

また世界36か国でのべ８０００人以上のスイマーを指導することで、さまざまな人種、年齢、体型、運動経験や水泳レベルに応じた学習方法を確立しました。

２０１８年に心臓の手術を受けてからは、運動に制約を受けるからだになったこともあって、記録に挑むことよりも、「**泳げない人を泳げるようにする**」ことに注力しています。なぜかというと、水泳の楽しさ、確実な方法で上達する喜びを味わってほしいと思っているからです！

特にバタフライに注目して、これまでバタフライなど泳げないとあきらめていた人たちに、バタフライが泳げるようになる喜びを提供しています。


では**なぜ、バタフライなの**でしょうか。

バタフライは「一番難しい泳ぎ方」のはず……。

バタフライを泳いでいる人をプールで見かけても、皆息苦しそうに頑張って泳いでいます。水泳が得意な人でも大変な泳ぎ方を初心者、ましてや「泳げない人」が覚えることができるのでしょうか？「常識的」に考えたら、「そんなことあり得ない！」。本書を開いた大半の方がそう思われるかもしれません。

そのあたりから話を進めていきましょう。

3 実は難しいクロール

日本では学校でもスイムスクールでも、ほとんどの場所で最初にクロールを教えます。

私が開催しているレッスンでも、参加者の方々が最初に習いたいのはクロールです。そこでクロールを最初に教えています。

しかし水泳を15年以上教えている立場からすると、習うのが一番難しいクロールをなぜ最初に教えなければならないのかという疑問を持ちながら教えているというのが実情なのです。

クロールの何が難しいのでしょうか。

両手が異なる動きをする

クロールの難しさの一つは、左右の手を別々に動かすことです。

左右の手の動かし方は同じですが、動かすタイミングが異なるために学習を難しくさせています。

クロールをよりラクに泳ぐためには、片方の手を水中で伸ばして滑りながら、

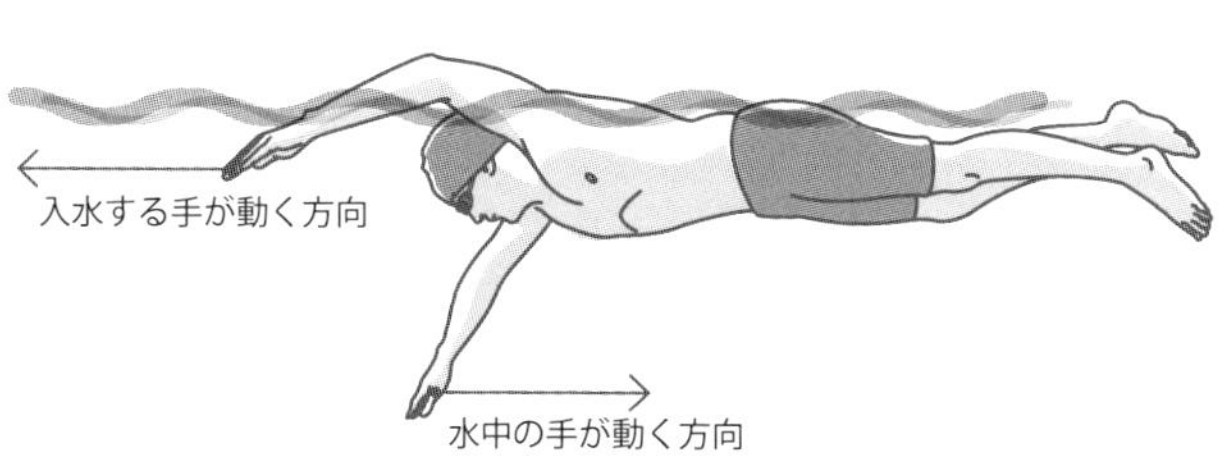

もう片方の手を水上で前に運びます。このように片方を動かさないで片方を動かすという動作は、実は人間にとって難しいことなのです。

また左右同時に違う動きをさせる必要があるだけでなく、加速して伸びるときには、入水した手を前に伸ばす一方、水中にある手で水を後ろに運びます。

このように動かす向きが逆であることも、クロールを難しくさせています。

からだを前に進めるためには水を後ろに押す必要がありますが、クロールの場合片手ずつを水中で動かすことになるので、両手を同時に動かしたときに比べて推進力が小さくなります。

両足が異なる動きをする

またクロールのキックは、左右の足を交互に上下方向に動かします。

このとき片方のひざを曲げて、もう片方のひざを伸ばすというように、左右で異なる動きをします。

また足で水を後ろに押そうとすると、ひざを曲げながらかかとを引きつけることになります。

かかとを引きつけると下半身が下がりやすくなり、沈みやすくなることで、前進することが難しくなります。

そうなると、足で水を押す方向は下が中心となって、水を後ろに押すことがで

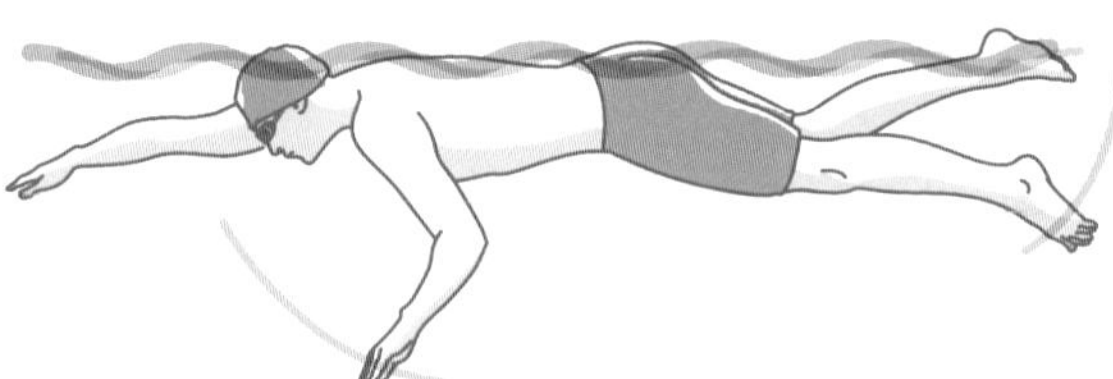

きません。闇雲に蹴っても、疲れるだけになってしまいます。

こうした蹴り足は地上ではほとんど行われない動作なので、水中でしか感覚を習得できないという難しさがあります。

息継ぎが難しい

またクロールは息継ぎが難しい種目です。

口を水上に出すために、息継ぎが苦手な方は手で水を下に押して、頭を上げます。

頭は半分以上水没しているので、口を水上に出すためには頭を20センチメートル近く持ち上げる必要があります。

また顔を回すことで、座標感覚が狂うことがあります。顔を回すときに頭の位置が斜めになると、進行方向と考える方向が水平面上でずれます。また頭を持ち上げることで、進行方向と考える方向が垂直面上でずれます。

このように進行方向がずれると、左右にぶれて泳いだり、からだが沈んだりします。

息継ぎにはからだの回転が必要ですが、からだの回転自体を人間は陸上であまり行いません。このため滑らかに回転させること自体が、クロールでの呼吸を可能にするために習得すべき技術になります。

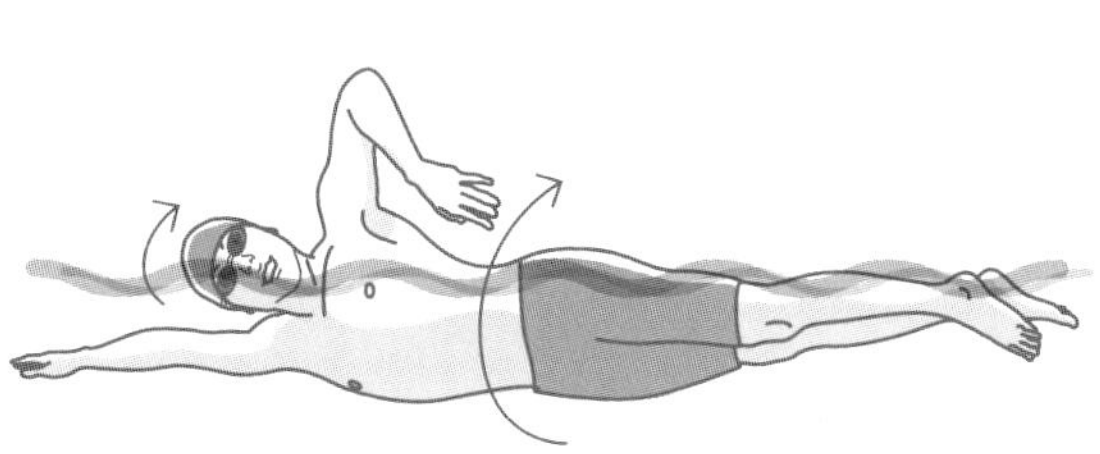

からだの回転が小さいと、水上の手を前に運ぶリカバリーが難しくなり、からだの回転が大きいと、からだが沈みやすくなります。「いい塩梅」を初心者がつかむのは大変難しいといえるでしょう。

また息継ぎをしている間に、水上の手を前に運びます。手を水上に出すと、その分だけ浮力が減るためからだが沈みます。からだが沈む前には呼吸を終了しなくてはなりません。

こうみると、クロールはかなり複雑な動きの組み合わせから出来上がっている、ということがご理解いただけると思います。

こうした「実際は難しい」クロールに対し、「難しそうに見える」バタフライはどうなっているのでしょうか。

4 実はカンタンなバタフライ

両手が同じ動きをする

見出しにあるように、実はバタフライの方がずっとカンタンなのです。先ほどのクロールの難しさと対比させながら、動きを見ていきましょう。

まずは、手の動かし方についてです。

バタフライは、左右の手を同時に左右対称で動かします。左右のタイミングのずれはありません。また、息継ぎで顔を出している時間が長いので、その分手の動きを見て確認することができます。実は、自分で手の動きを見られないということが水泳の技術を身につけるのが難しい理由ですが、水中や水上で手の動きを確認する時間を延ばすことができれば、その分正しい動きに修正することもできるようになります。

両足が同じ動きをする

バタフライは、両足を揃えて同じように動かします。左右のタイミングのずれはありません。

足首をゆるめながらひざを曲げて素早く伸ばすことで、足の甲が素早く動いて水を押します。

キックで前に進もうとすると、足で水を後ろに押さなければならないので、動かし方が難しくなりますが、蹴らずに、足は水を押さえる役割にすれば、足の甲で水を下に押せばよいだけなので、足首をゆるめてひざを素早く伸ばすやり方がわかれば、その日からすぐにできるようになります。

息継ぎがカンタン

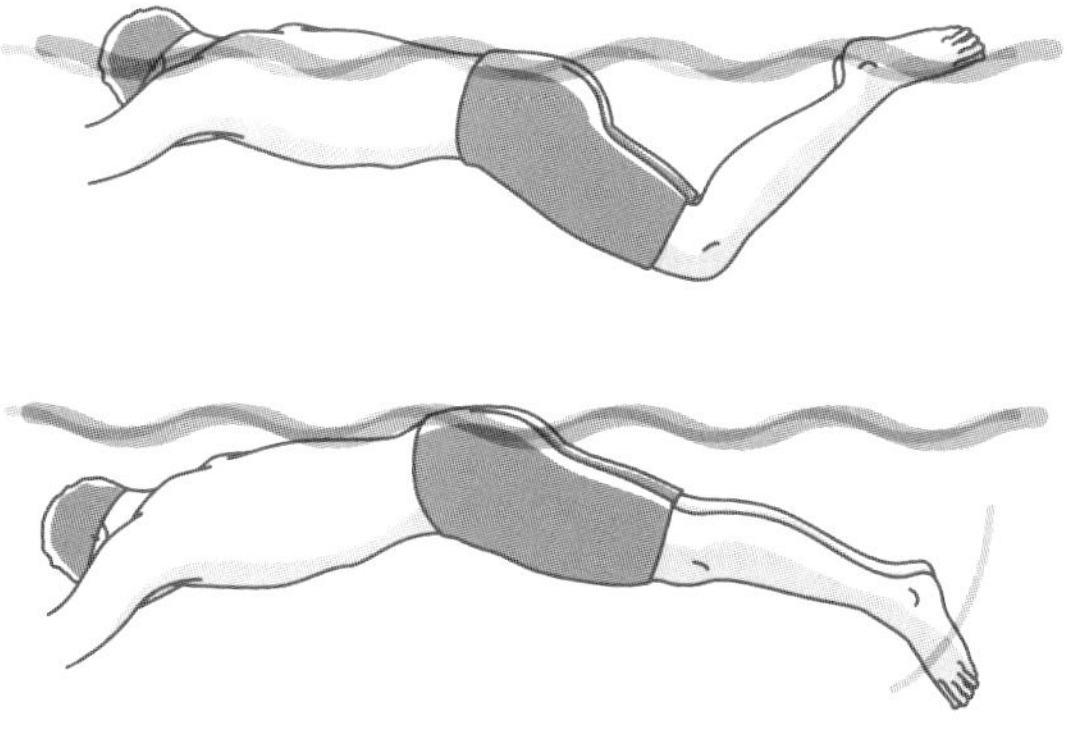

バタフライはクロールと違って、一度沈んだからだの浮き上がりを使って上体を起こすことができます。

また両手で水を押さえることで、頭を水上に出すことができます。

それゆえ、斜め前を見たままで、顔の向きを変えないで水上に出して呼吸することができます。

しかも、水上に出す頭の高さを調節することで、呼吸する時間を長くすることもできます。

うつ伏せの姿勢で泳げる

クロールと違って、バタフライはからだを回す必要がありません。

うつ伏せの姿勢で、顔の向きをほとんど変えずに泳ぐことができます。

自分が考える動作の座標と実際の座標のずれが生じにくくなって、自分の考える通りの動きをすることができます。

5 革命バタフライ、重要なのは三つのフェーズ

①**前に寄りかかって滑る**：革命バタフライでは、ラクに泳ぐために滑る時間を延ばします。具体的には1回のストローク（腕のかき）の時間のうち、6割

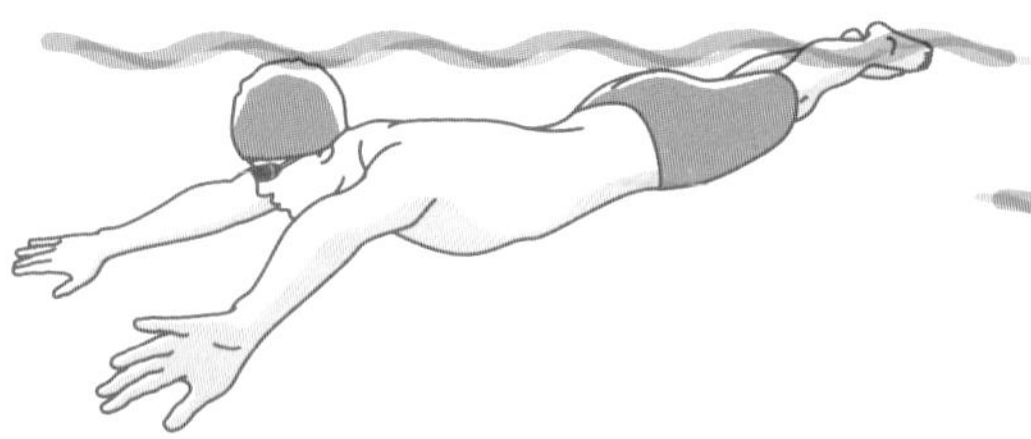

は水中で滑ります。より長い時間水中で滑るために、キックの動きを支えにして、頭を水面から頭一つ分沈めて体重を前にかけ続けられる姿勢を作ります。

②**からだの浮き上がりに合わせて手で水を押さえて息継ぎをする**：息継ぎをするために、キックでからだを起こすのではなく、「沈んだからだが自然と浮き上がる動き」に「手で水を押さえる動き」を加えることで口を水上に出します。

③**からだの前で手を水上に出して素早く着水する**：水上で手を前に運ぶ途中で手が沈んでしまうと、大きな水の抵抗を受けて疲れます。手の水上での滞在時間を最小限にするために、からだの前で手を水上に出して素早く着水します。

特にこの**革命バタフライの最大の特徴は**「ミニフライ」**という動き**です。「これほど小さな動きでもしっかりバタフライになって、進んでいくのか」「ミニフライでバタフライを覚えると、これほど簡単なのかと驚きました」と初心者の参加者たちも口にするほど、ラクに泳げます。

実はバタフライのストロークは、最後までかかなくても成立します。必ずしも競泳選手のように力強くぐいぐいかいていく必要はないのです。（最後までかくのを「フルフライ」と呼びます）

このミニフライの感覚を習得できると、プールでも皆がびっくりするほどの長距離をラクに泳ぐことができるようになります。（動きが気になる方は「ミニフライ」https://eswim.club/videos/R42650c48f.html の動画を見てみてください。とても簡単です！）

6 メリットしかない、革命バタフライ

運動量が圧倒的に多い

METs（メッツ）は運動強度の単位で、安静時を1としたときと比較して何倍のエネルギーを消費するかで活動の強度を示したものです。

消費カロリー（kcal）は、メッツ×実施時間（時間）×体重×1・05で計算できます。

それぞれの運動における運動強度と、体重60キログラムの人が30分運動したときの消費カロリーは以下の通りです。

○散歩：3・5メッツ、消費カロリー　110kcal
○ジョギング（全般）：7・0メッツ、消費カロリー　220kcal
○クロール（ふつうの速さ）：8・3メッツ、消費カロリー　261kcal
○バタフライ：13・8メッツ、消費カロリー　435kcal

独立行政法人国立健康・栄養研究所　改訂版「身体活動のメッツ（METs）表」より

このように、バタフライはクロールの1・6倍、ジョギングの2倍も消費カロリーが大きいのです。

つまり同じ時間で運動するならバタフライの方がはるかに消費カロリーが大きくなりますし、同じ消費カロリーで考えると運動する時間を短く済ませられるということです。

厚生労働省の「健康づくりのための身体活動基準」では、18歳から64歳の日常生活でからだを動かす量、すなわち身体活動（生活活動・運動）の基準は、強度が3メッツ以上の身体活動を週23メッツ・時行うことを推奨しています。

もしジョギングでこれを達成するなら、週3・2時間行う必要があります。これは1日30分走るとして、ほぼ毎日取り組まなくてはならない計算になります。

一方バタフライなら、週3日30分強泳げばクリアできます。少しずつ休みながらで50分ほど泳げば、実際の運動時間は35分程度になるので、週3日のバタフライを習慣づけることで、生活習慣病や生活機能低下のリスクを減らすことができます。

からだが締まって見栄えがよくなる

水中で手を動かすと、水の抵抗を受けます。このときの筋肉の動きはアイソキネティック（等速性筋収縮）と呼ばれていて、筋肉を効率良く肥大させることができます。

また水の抵抗は速度の2乗に比例するので、その人の筋力に合った負荷にしかなりません。無理なく筋トレができる点で、水泳は大人に適していると言えます。

またバタフライは両手を開いた状態から水を押すので、上半身の筋肉を鍛えたり、たるんだ部分を締めたりする効果があります。

そして上半身の筋肉が発達することで、ウエストが細く見えるようになるという利点もあります。

注目され、尊敬される

地元のプールで、バタフライを50メートル泳いでいる人を見たことがありますか？　ましてや100メートルを泳ぐ人はほとんどいないのではないでしょうか。

そんな中、もしあなたが100メートル、さらには30分近くバタフライを泳いだらどうなるでしょう。しかも大人になってからバタフライを習ったと知ったら、他の人はどのように反応するでしょうか。

普通ならできないことを成し遂げたとして、その努力が大いに評価されて、尊敬される存在になることでしょう。あなたがあなたから見て泳ぎの上手な人を見たときのように、直接口に出して伝えられずとも、きっと心の中で皆が「すごいな」と思っているはずです。

このように他の人から注目を集めることで、より高みを目指すモチベーションになり、バタフライを続けることでさらなる健康増進につながっていくと思います。

学習しやすい

バタフライはクロールよりも手足の動かし方がシンプルなので、技術を早く身につけることができます。またほぼすべての動きは陸上で習得することができます。

さらにより重要な息継ぎについても、泳ぎの練習に入る前に、プール内で立った姿勢で練習したり、足を床に着けたまま練習することができ、からだの上下動に合わせた手の動かし方とセットで学べるので、一切の苦しさを感じることなく実践的に習得できます。

また習得・習熟に関して、段階的なメソッドが構築されているので、自分が今どの段階で何をどのような目的で習得しようとしているのか、はっきり確認することができます。

そのため、先に進んでうまくいかなくなったとき、改めてそれまで通ってきた段階を振り返ることで、自分がどこでつまずいているのかが自ら理解でき、克服することができるようになります。

実は泳ぐのがラク！

通常のバタフライは、手でかいて進んで、足で蹴ってからだを起こして息継ぎをします。前進するためには自ら努力する必要があります。

一方、革命バタフライの推進力は、「足で水を押さえて体重を前にかけること」で進みます。頑張って泳ぐというより、**水の中を滑る**という感覚に近いかもしれません。

また息継ぎについても、後ほど詳しく説明しますが、からだを沈めた反動と手の動きを使うため、キックを使わずに安定して行うことができます。

おそらく2～3ストローク泳いでいただければ、革命バタフライがいかにラクな泳ぎかを実感できると思います。

7　簡単で効果的でラクな道を選んでください

バタフライは最後に取り組む種目ではない

大人になってから水泳を始めた人のほとんどが、「バタフライは最後に取り組む種目」であると考えて、結局はバタフライを習うまでに至らないのが現状です。

しかし、ここまでご紹介してきたように、バタフライは四泳法の中で、一番動きがシンプルで覚えやすい種目なのです。

必ずしも皆と同じようにクロールから入門する必要はありません。

泳げない人こそ、息継ぎが確実にできるバタフライを一番初めに習うべきなのです。

というのも、ほとんど知られていませんが、バタフライの姿勢や動きの多くが、陸上の練習で覚えることができます。

またプールに入っての練習でも、足を着けたままで息継ぎの技術を身につけることができます。

それゆえ、初心者の方が持っている「息が吸えなくなったらどうしよう」という不安を回避した状態で安全に技術が習得できるのです。

これは他の種目に比べて大きなメリットです。

泳法の王様バタフライを皆で習得しよう！

バタフライが長く泳げるようになると、プールの中で注目を集めます。

また大人になってからバタフライをマスターしたことがわかれば、プールに通っている人たちから尊敬されることになるでしょう。

そうなればさらに上達したいという気持ちにもなりますし、何よりも水泳することが楽しくなって続けられるようになります。

学習効率的にも、運動効率的にも、バタフライを短期間でマスターすることは、大人にとって大きなメリットになります
さあ、泳法の王様であるバタフライを、今マスターしましょう！

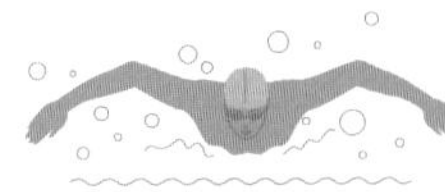

第1章
泳げない人ほど知ってほしい、泳ぎの秘密

1 誰でも歩けるのに、誰でも泳げるわけではないのはなぜ？

生まれてからしばらくは寝返りをし、そのうちハイハイできるようになり、つかまり立ちなどをしながら、１歳を過ぎたあたりから人は歩けるようになります。

本書をご覧いただいている多くの方も「歩く」ことは習得されていると思います。

しかし、「歩く」と違って、「泳ぐ」ことは誰にでもできるわけではありません。

「歩く」はほぼ無意識のうちに習得されたものです。同様に、先にも少し述べましたが、幼少期の頃、反復訓練によって「泳ぐ」を習得した方は、大人になってからも「泳ぐ」ことができます。

一方で、そうした学習を経ないで過ごしてきた方にとっては、「泳ぐ」ということは非常に難しいのが現状です。

それはなぜでしょうか。

これまで日本と米国をメインに、世界中でたくさんの人に水泳を教えてきた経験から、「**泳げない**

人の泳げない理由」は非常に明確になっていて、大きく分けると三つの理由が考えられます。

理由がわかれば、その改善により泳ぎを習得することもできますので、以下、ぜひご覧ください。

①「水中」という環境を別の世界だと考える

水中では、呼吸ができません。そこで水中は、「陸上とは完全に別の世界」だと考えてしまうのです。そして別の世界である以上、これまでのからだの動かし方が使えないという先入観を持ってしまいます。

また、水中では呼吸ができないので、水上に出て何とか呼吸しなければならないというプレッシャーにもなります。つまり水中にいるときは、常に溺れる恐怖を背負ってしまっているのです。

②何をしているか見えない

水泳では顔を水につけていると水上の手の動きがわかりません。また横になっているので、姿勢がどうなっているかも目で見て確認することができません。これらは陸上にいるときとの大きな違いです。

私たちは、実は見ていないようでいて、手の動きや姿勢について、視覚的に確認し調整しながら過ごしているのです。しかし、

水中では陸上のように自らが何をしているか見えないので、間違った姿勢や動きを行っても気づくことができません。

そのために肩の可動域を超えた動きをしたり、バランスが崩れた動きになったりして、動作がぎこちなくなってしまうのです。

③座標軸が不安定

水泳では伏せた姿勢（背泳ぎでは仰向けの姿勢）で進むこと、水中という不安定な中で姿勢を作ることが要求されます。

このため息継ぎや手の入水、グライド姿勢（水の中を滑っていく姿勢）を作るときなどに、進行方向に対してからだの軸がずれることがあります。

この軸のずれは、姿勢が不安定になるだけでなく、抵抗が増えたり、進行方向以外に力が使われたりする原因になります。その結果蛇行する、疲れやすくなるなどの弊害が生じてしまうのです。

そして、これらの理由に加えて、そもそも「泳ぐ」ということが一体何なのか、あまり考えられていない、ということも重要なポイントだと思います。

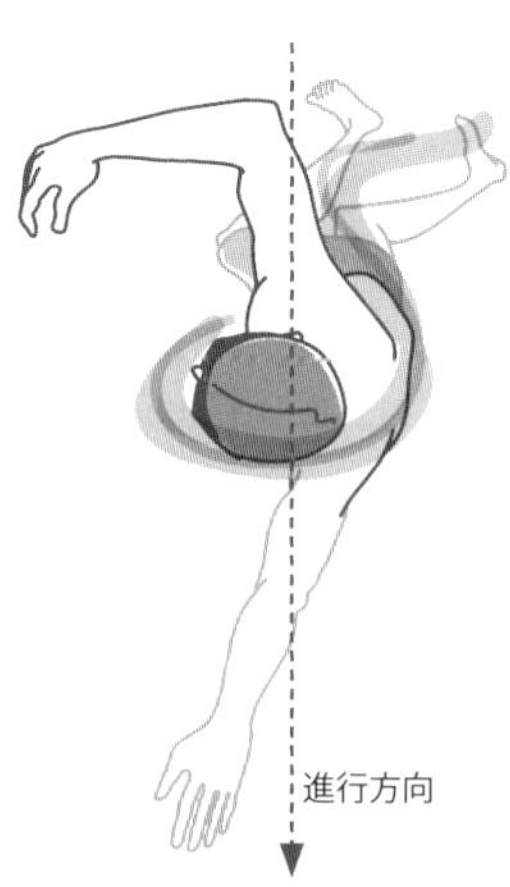

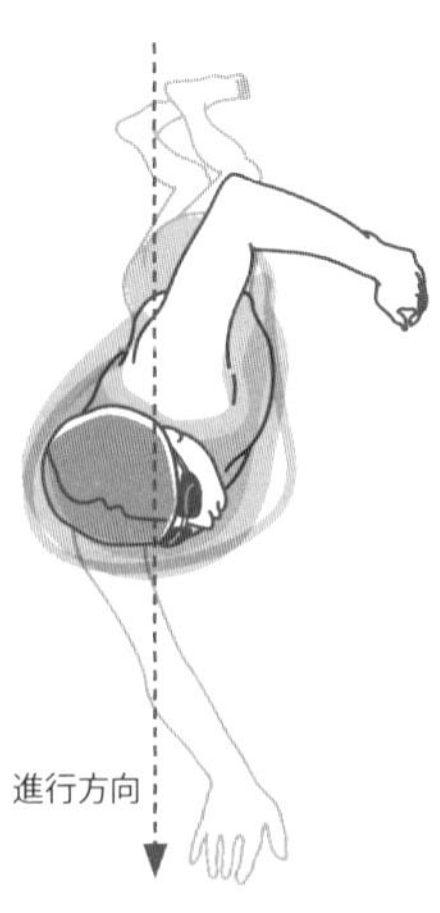

というのは、大人のための水泳教室であっても、「それではプールに入る前に、まず『泳ぐとは何か』について理解しましょう」なんていうガイダンスは開かれることはありません。いきなりプールに入って、まずはバタ足から……とレッスンが始まりますね。

その理由は当然なのですが、多くの泳げる人（インストラクターや先生たち）にとっては、すでに「泳げる」ので、「泳ぐとは何か」について考える必要がないからです。

しかし、「大人のバタフライ」を習得しようとしている私たちにとっては、「泳ぐとは何か」を知ることが非常に大切になってきます。

考え方を変えることが、「泳げる」への近道なのです！

2 泳ぐとは何か

泳ぐとは何でしょうか。

情報を削ぎ落とした、動きの「本質」を考えてみましょう。

①「前に」進む：重心の移動

水泳は前に進む運動です。

つまり重心が常に前に移動しているのです。

陸上とは違って、水中では姿勢によって重心を変えることができます。

重心を前に動かし続けられるような姿勢を保つことが、ラクに泳ぐための最大のポイントです。

また水上で動かす手は、浮力を受けなくなる分、重心に大きな影響を与えます。重心が前に動き続けるために、水上での手の動かし方を意識することが大切です。

②「横になって」動く：座標の転換

水泳は横になって伏せた姿勢（背泳ぎは仰向けの姿勢）で前に進みます。伏せた姿勢で前に進むときの「前」は、立った姿勢の「上」に相当します。つまり動作の基準となる座標軸が陸上とは変わるのです。

泳ぎの苦手な人はこの座標の転換ができていないことが多いです。陸上で立った姿勢で「上に向かって進むように動作してください」と頼んでも、腰が無意識に曲がってしまい、いつの間にか「歩いて前に進む」ように手を動かしてしまいます。

泳げるようになるためには、この座標軸の転換がとても大切になってきます。

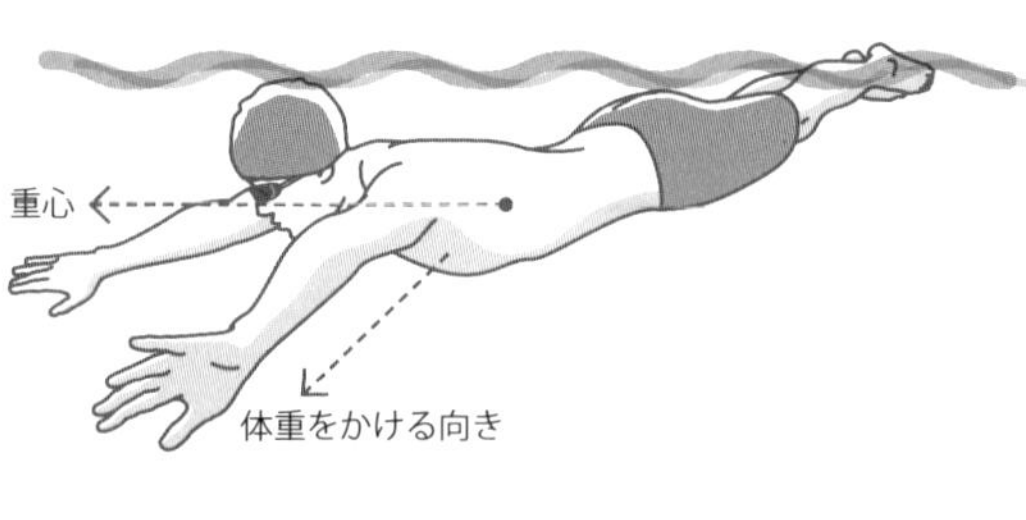

③「水中を」動く：抵抗と推進力

水の中でからだを動かすときに、水の抵抗が発生します。

室内プールの平均温度は水温（摂氏）30度ですが、その水の密度は、気温（摂氏）25度の空気の密度の８４０倍になります。つまり、水中で進むときは、陸上で進むときよりも８４０倍の抵抗を受けているのです。

この抵抗を減らすには、正面から見たときの面積を減らす必要があります。下半身が水面近くにあるとき、正面から見たときの面積を一番小さい状態にすることができます。つまり、バタ足を蹴って、下半身が沈んでしまうと、水の抵抗をたくさん受けてしまうというわけです。

またからだを前に進めるためには、水を後ろに押す必要があります。

手で水を後ろに押す力を増やすには、後方に動かす手の面積を増やすか、手を素早く動かして加速を上げます。

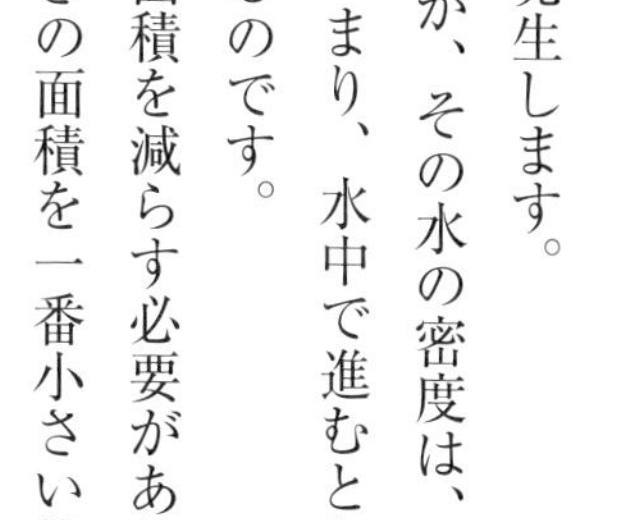

3 思い込みをリセットする

これまでの水泳指導の経験上、泳ぎの上達が遅い人と早い人の間にはどうやら「考え方の違い」があることがわかってきました。この考え方のことを「思い込み」（マインドセット）と呼びます。その

人の泳ぎ方は、その人の思い込みによって生み出されたものなのです。

ということは、先にその間違った思い込みをリセットして、正しいマインドセットを行うことで、より確実に「泳げる」ようになってくる、ということになります。

間違った思い込み

○**浮く意識が強い**：空気がすぐに吸えるように、水面にできるだけ近いところにとどまりたいと考えてしまう。
○**「かいて進む」意識が強い**：水の中は別世界と考えて、前に進むときに手で水をかいてからだを前に動かそうとする。
○**「進行方向」の定義があいまい**：伏せた姿勢の「前」が、立った姿勢の「上」になるという座標変換が行えないため、どの方向が前になるのかがわからなくなる。
○**水面に対して垂直の面を基準にした2次元で動作を定義している**：水面に対して縦の面で手を動かそうとする結果、水中で水を下に押したり、水上で肩の可動域を超えて手を動かした結果上腕が動かなくなったりする。
○**「水の抵抗」を意識しない**：水は空気よりも840倍重いことを考えないで、水の抵抗を減らす努力を行わない。
○**「水は別世界」と考える**：推進力や動作原理など、水は陸上とは完全に異なっていると考えるので、覚えることが多くなって学習が遅れる。

いずれの思い込みも必要ないものなので、ぜひ1度リセットしてください。代わりに次のマインドセットを徹底していきましょう。

新しいマインドセット

○**「体重を前にかける姿勢や動作」を重視する**：陸上では気にすることのない「体重をかける」ということを、最優先で考える。
○**立った姿勢でも横になった姿勢でも進行方向が明確である**：自分のからだの軸の方向を常に進行方向と同じする。
○**3次元で動作を定義することができる**：特に水面を座標面として、手の動かし方やからだの回転の仕方を決められる。
○**素早い動作で加速が得られることを理解して力の使い方を配分する**：筋肉を緊張させるのではなく、肘や膝の関節をゆるめて素早く伸ばすことで推進力を生み出す。

「泳ぐ」という考え方をそぎ落とす↓「本質」に落ち着く

同じ水泳の教則本を読んだり、ビデオを見たりしても、人によって泳ぎ方はまったく違ったものになってしまいます。これは受け取った情報の「解釈」に幅が生じるためです。思い込みをベースとした解釈を行ってしまうと、どのような情報を得たとしても、それが正しい姿勢や動きを作ることに直結していきません。

そこで誰でも同じように解釈して、正しい姿勢や動きを作ることができるようにすることが必要です。そのベースが先ほど説明した「泳ぎの本質」になります。

泳ぎの本質を理解していただいたうえで（思い込みをリセットし）、新しいマインドセットを徹底することが、正しい姿勢や動きの再現性を高めて、仮に間違ったり、うまくいかなくなったときの修正を容易にすることができるようになります。

そうなったらもうコーチいらず、自分自身で成長を進めていくことができるようになるはずです。

4 「泳ぎの本質」にしたがってバタフライを考える

大人のバタフライのポイント

この項目については、これまでまったく泳いだことがない方にとっては少し専門性が強い話になっています。が、「そんなものか」という程度でも良いので頭に入れておいていただけると、泳ぎ始めてから「あの話はこういうことだったのか」と理解いただけると思います。それでももし、難しい、わからないと感じられる場合は読み飛ばしていただいてもかまいません。

さて、それでは二つのバタフライについて少し見ていきましょう。バタフライが泳げる、といった場合、大きく分けると次の二つの泳ぎ方があると思います。

［選手のバタフライ］

バタフライが強いマイケル・フェルプス（Michael Phelps）選手や池江璃花子選手の動画を見ると、彼らが息継ぎをするときは、からだを沈めた反動と手で水を押して水上に飛び出していきます。また両手を進行方向に着水しています。手を着水するときの水しぶきは、前に小さく飛びます。水中の浅い位置で手で水を押すことで、直ちに水上に出せるようにしているのがよくわかります。

［一般成人のバタフライ］

公共プールなどでバタフライを泳いでいる人によく見られるのは、「頑張って泳ぐバタフライ」だと思います。

キックの反動を使って水上でからだを立てて息継ぎをしているので、とてもエネルギーを使っているのがわかります。

両手も腕の力で前に運ぼうとしているので、どうしても途中で着水することが多くなり、結果としてそれが大きな抵抗を生んでしまっています。

また両手が内側に向かって動きながら着水するので、水しぶきが上に大きく飛びます。

選手のバタフライと違って、水中の深い位置で手で水を押すので、手が水上に出るまでに時間がかかります。時間がかかる分、また抵抗も増えて、重たい腕を上げる必要がでてきてしまいます。

選手ができているバタフライを、一般成人が同じように習得しようとして、いくら頑張っても非常に難しいものになると思います。

そこで重要になるのが、「泳ぎの本質」に基づき「バタフライをどう泳ぐか」についての考え方を変えることです。

考え方を変えることで何を習得・習熟すればよいのか、次第にはっきりしてくるのです。

【大人のバタフライ】

○**重心の移動**：水中で滑る時間を延ばすことで、手を動かす回数（かき数）を減らしてラクに泳ぎます。極端な言い方をすると、どう泳ぐかというより「どう滑るか」が大人のバタフライのポイントになるでしょう。

○**座標の転換**：手の動きを座標面で決めることで、正しい動かし方を理解します。これまで、どういう位置に定めるのが最も適切か、手を動かすたびに悩み、また視界に入らないエリアでの動きを感覚できなかったこともあったかもしれませんが、手の動きを確定することで、それについて考えたり悩んだりする必要がなくなります。

○**抵抗と推進力**：体重を前にかけて下半身を浮かせることで水の抵抗を減らします。顔を水上に出すために手で水を下に押します。より滑り、より無駄なく息継ぎができる方法を身につけます。

5　こんなバタフライはうまくいかない

良かれと思ってやってしまうこと

バタフライの本質（バタフライをどう泳ぐか）が明らかになったことで、これまでの「思い込み」＝間違った考え方もはっきりしてきます。思い込みにそった動きでは大人のバタフライを習得するのが難しくなってしまいます。

先ほど紹介した「一般成人のバタフライ」はそうした思い込みや、それに付随するエラーから生まれる動きによって形成されています。

ここで一度それらの「思い込み」と「エラー」をあぶり出して、リセットしましょう。

①手でかいて前に進む

両手で水をかくことでからだを前に動かそうとしてしまうことです。からだが前に動いていることは、プールの底にあるタイルの動きで実感できます。

一方水中で手を長く動かすことで、手が水上に出るまでに時間がかかることになります。

この結果、水上で手を前に運ぶリカバリーが間に合わなくなって、リカバリーの途中で手を着水することになります。

②からだを起こして息継ぎする

キックでからだを起こして頭を水上に出して息継ぎをしようとすることです。

そのようにすると、まずキックをするときのかかとのひきつけで水の抵抗が増えます。また上半身が立つことで、下半身が下がって水の抵抗が増えます。

さらに手で水を押し下げてからだを起こすことで、手の位置が下がります。そうなると手を水上に出すまでに水を持ち上げることになって、疲れます。

また手を水上に出すのに時間がかかるようになって、リカバリーが間に合わなくなります。

③キックで前に進む

キックで前に進もうとすると、かかとを引きつけて足の甲やすねで水を後ろに押そうとすることになります。結果、かかとを引きつけるときに、ふくらはぎやももで水を受けることになって水の抵抗が増えます。

またキックでは足は主に下方向に動くので、水を主に下に押すことになります。そこに力を加えても後ろに押せる割合は大きくありません。

思った通りに動けないで起こるエラー

考え方は合っているのですが、考え方に基づいた動きになっていないため、問題が起きている状態が次の三つです。

①水上で後ろから前に手を運ぶ

両手を水上で動かせるのは、両肩が水上に出ている間だけです。肩が沈んでしまうと、前に運ぶ途中で手も沈んでしまい、水の抵抗を大きく受けることになってしまいます。

②指先から入水する

スタート台から飛び込むときのように、指先から入水すると綺麗に見えると思いがちです。しかし実際は、肩の位置が手よりも低いので、指先から入水することはできません。

指先から無理矢理入水しようとすると、肘を曲げざるを得なくなります。肘を曲げたまま手を入水させるのは、バタフライ中でも格好悪い動きの一つです。

また指先から入水するために上体を起こすと、下半身が下がって水の抵抗が増えます。

（実際には指先で入水するのではなく、手のひらで着水するのがベストです）

③頭と腰を使って「うねり」を作る

バタフライではうねりが必要だと考えて、正弦波のような軌跡をイメージしてからだをくねらせてしまうことがあります。このとき頭を深く突っ込むため、浮き上がるときにからだを立てることになります。結果としてからだが上下に動くだけで前に進みません。

わざわざ「うねり」を作る必要はないのです。

無意識に行ってしまっているエラー

無意識の内に行っている動きに問題がある場合があります。

①顔を水上に出すときに前を向く

息継ぎをするときに人間が最も落ち着くのは、頭を立てて顔を前に向けた状態です。しかし、顔を前に向けると、からだが立った姿勢になって下半身が下がって水の抵抗が増えてしまいます。息継ぎの際にはなるべく下を向いたままで行いましょう。

②手の入水と同時にキックする

水上にある手を前に運んで、入水すると同時にキックをすると、動きのタイミング的にはわかりやすくなります。しかしキックの推進力が手の入水で生まれる水の抵抗で相殺されてしまいます。適切なキックのタイミングを身につけましょう。

③肩の可動域を超えて水上で手を動かす

水上に手を出すときに、水面から高い位置で手を動かそうとすると、肩の可動域を超えてしまいます。その結果上腕がロックされた状態になって、前に動かせなくなります。それでも手を前に運ぼうとすると、肘が曲がります。

また上腕がロックされるぶん、手の動きが遅れるため、リカバリーの途中で入水することもあります。リカバリーの途中で肘が曲がったまま入水すると、とても格好悪く見えます。

手の動きを座標面で決め、自然な動きで動かせるよう身につけましょう。

6 こんなバタフライはうまくいっている

バタフライの指導をしていて「この人はバタフライができるようになった」と判断する基準があります。これらは良いマインドセットにもつながりますので、意識してみてください。

①キックした後に水中で滑っている

ラクに泳ぐためには、動作の回数をまず減らすことが必要です。そのためには水中で滑る時間を延ばす必要があります。

キックをした後に水中で滑っていれば、体重を前にかけるためにキックが効率良く使われたと判断できます。

また滑る時間を延ばすために、次の手の動きまで我慢することができているとも判断できます。

②肩の前で手を着水している

肩の前で手を着水しているということは、肩が水上に出ている間に手を前に運ぶことができているということです。

つまり、水上に出す前の手の位置（水面からの深さ）が適正であったということであり、また水上に手を出す動作も素早くできていることがわかります。

また肩の前で手が着水できると、手の動く方向が前向きになります。その結果着水に伴う水しぶきを小さくすることができます。

③下を見ながら手を着水している

下を見ながら手を着水することで、手を着水した後に体重を前にかけることができます。その結果より長く滑ることができます。

また肩が進行方向を向くことで、より遠くに手を着水して、1ストロークで泳ぐ距離を伸ばすことができます。

7 では、うまくいくバタフライ＝「革命バタフライ」を習得するにはどうしたらよいか

大人がバタフライをラクに泳ぐための「考え方」を理解する

選手や子供が学ぶ方法ではなく、水泳経験のない大人がバタフライをラクに泳ぐための「考え方」

を理解する必要があります。

この「考え方」は、解釈する人によって結果が変わらない「本質」でなければなりません。

ここまでお話してきたことがその「考え方」であり、「本質」です。

新しい「考え方」に基づいた姿勢や動きを技術として身につける

次に新しい「考え方」に基づいた姿勢や動きを、技術として身につけていきます。

ここでは過去の水泳や運動の経験に依存しないように、姿勢や動きをきめ細かく定義します。

この定義に基づいて、使用する部位や座標、軌跡、タイミングを陸上で繰り返し練習します。

「革命バタフライ」の革命的なことの一つに、「プールに行かないでも練習が重ねられる」ということがあります。まず、「水泳」から「水」という概念を除いて、「泳ぎの動き」のみを上達させていきましょう。

上達に合わせて身につける技術のレベルを高める

1度にすべての技術を身につけることは不可能です。

まずは段階ごとの目的に合わせて必要な技術を分割して習得し、さらに上達するのに合わせて新しい技術を身につけるようにしていきます。

最初の目標として、25メートルをバタフライでラクに泳げるようにしましょう。
次の目標として、長い距離をバタフライでラクに泳げるようにしましょう。
そして最後の目標として、バタフライを速く泳げるようにしましょう。

革命バタフライのメソッドなら、無理なく・誰でも、これらが達成できるはずです！

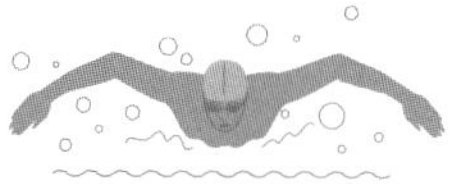

第2章 バタフライから始めよう！

革命バタフライ習得マップ

この章では、個々の技術の基礎知識と、バタフライ習得までに必要なことをガイドマップ的に紹介していきます。

各段階での泳ぎ方のポイント、必要な技術、技術習得に必要な練習、陸上での練習法とプールでの練習法などを概観していきます。実践に入る前に触れていただくと理解も進みますのでぜひご覧ください。

1 「技術」を身につけるための基礎知識

ストロークフェーズ

一連のバタフライの動きを分解して、ストロークフェーズとして理解します。

バタフライ見本
https://eswim.club/videos/D44000cccd.html

【ダイブ】

体重を前にかけながら滑る状態です。このときの姿勢を「グライド姿勢」と呼びます。

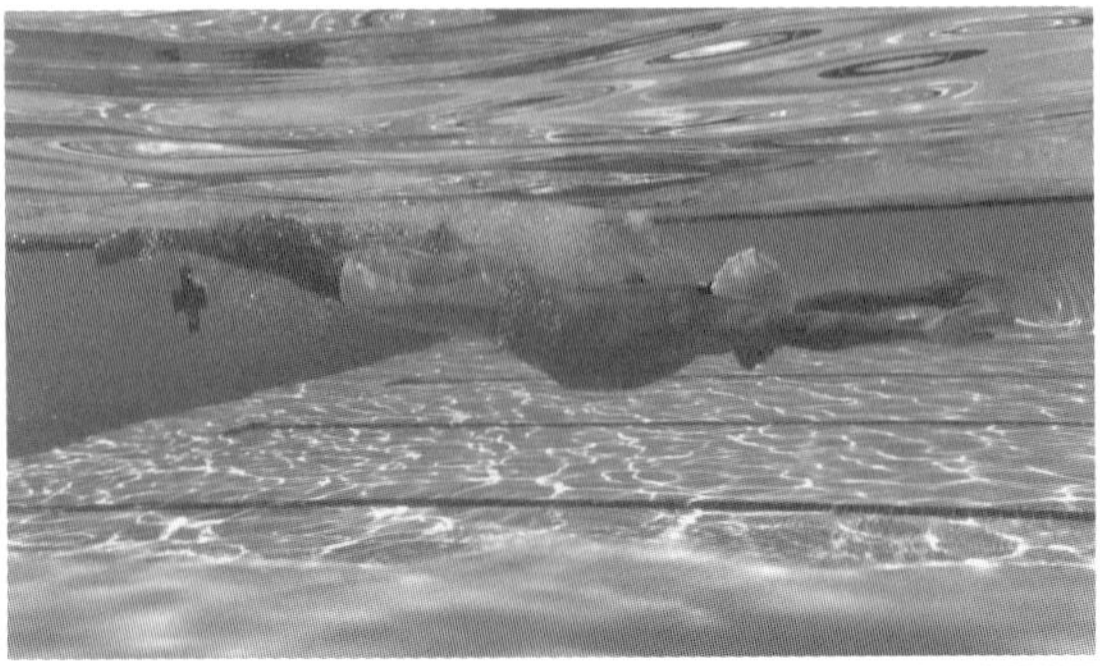

【ストローク】

手の動きは、次のような順番で分類します。

①スカリング

両手で水を下に押さえながら、上体を上げて水上に頭を出します。口が水上に出たときに呼吸します。

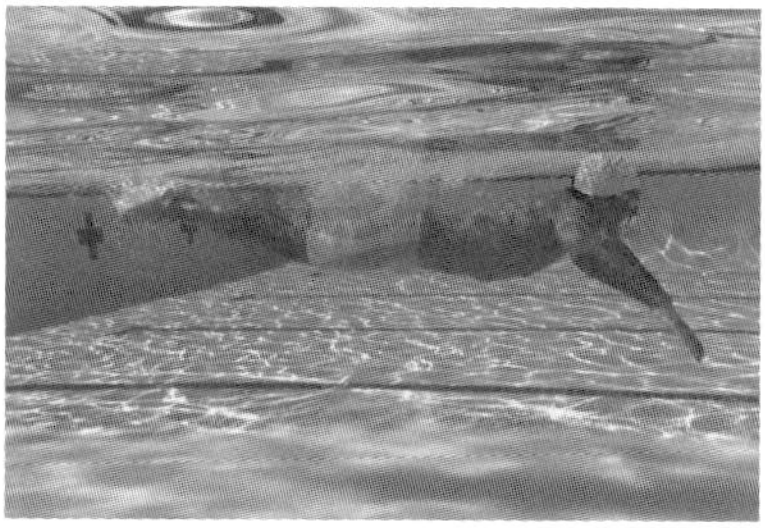

②プッシュ

水中で肘を素早く伸ばすことで、水を後ろに放ちながら両手を水上に出します。からだを前に飛ばすのに使います。

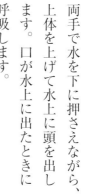

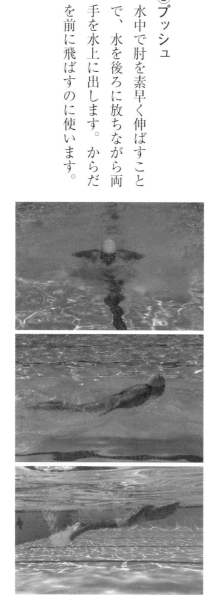

③リカバリー

水上に出した両手を、肘を伸ばしたまま前に運びます。

④エントリー

前に運んだ両手を着水します。

【キック】

足の動作は、両足を揃えたままで、ひざを曲げて素早く伸ばします。目的に合わせて2種類のキックがあります。

①第1キック：ダイブするために使います。両手を着水してから、キックして水を下に押さえながら上体に体重をかけます。

②第2キック：上体を水上に飛ばすために使います。手のプッシュと同時に行います。

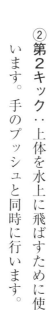

姿勢の基本

バタフライには2種類の姿勢があります。

【Y姿勢】

グライド姿勢のことです。体重を前にかけるために、両手を肩幅より広げて、手のひらを外側に向けます。足を水面に近づけるとともに、胸で水を前に押すようにします。両手を広げた状態をアルファベットのYに例えてY姿勢と名付けました。

【I 姿勢】

両手を肩幅で伸ばして、背中を丸めた姿勢がI姿勢です。アルファベットのIに例えています。

ダイブで滑っているとき以外、つまり手を動かしている間の胴体はI姿勢になります。

動作の基本

【手の動かし方】

手の動かし方を平面上にある時計の文字盤で定義することで、覚えやすくします。

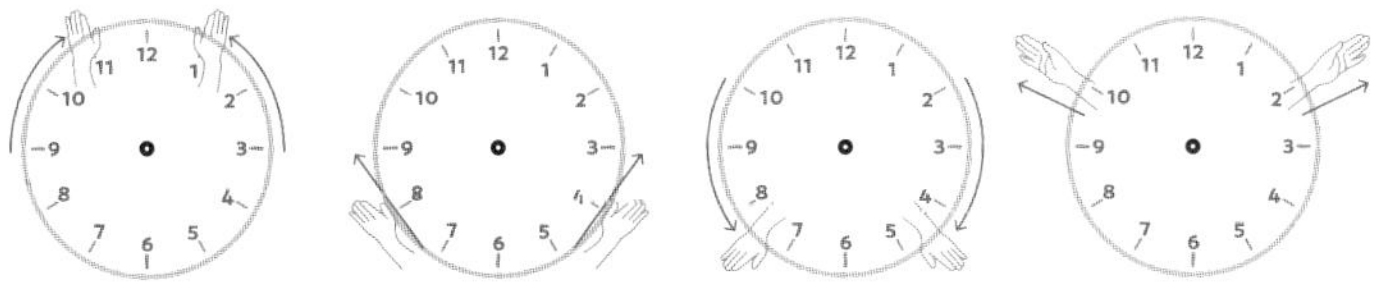

①　②　③　④

時計の文字盤を自分のからだの前に置きます。文字盤の「6」がおへその15センチメートル前、「12」が手を伸ばしたところに来るようにします。

このとき手が針の代わりになるのではなく、手を文字盤の上で動かすだけにします。文字盤を座標として使うイメージです。

①**2時と10時**：Y姿勢の手の位置です。ダイブで滑っているときは、この位置に手を伸ばします。

②**4時半と7時半**：水上に顔を出すときの手の位置です。「スカリングポイント」と呼びます。

③**3時と9時の延長線上**：手を水上に出してから伸ばす方向です。文字盤中央から3時または9時の方向に伸ばした直線の延長線上をイメージします。

④**1時と11時**：手を着水する場所です。「エントリーポイント」と呼びます。

最初はからだの前に文字盤を置くことで、手の動きをからだの前で完結させます。

ラクに泳げるようになったら、文字盤をずらすようにして手を動かす軌跡を後ろに伸ばすことで、推進力を増やします。

【足の動かし方】

次のように足を動かします。

①**ひざを曲げる**：伸ばした状態のひざの角度を180度とすると、120度程度までひざを曲げます。

②**ひざを伸ばす**：ひざを曲げたら素早く伸ばします。足首をゆるめたままひざの裏を素早く伸ばすことで、足の甲からつまさきにかけて素早く動くようにします。

なおバタフライでは2種類のキックがあります。

①**第1キック**：両手を着水してから打つキックです。このキックで水を押さえて、それを支えにして上体に体重をかけて滑ります。ラクに泳ぐために大切なキックです。

②**第2キック**：水上に飛び出すときに打つキックです。このキックで水を押さえて、それを支えにして上体を起こします。

第2キックは息継ぎのために行うのではなく、上体が前方に飛び出るために行います。そこでラクに泳ぐときや長く泳ぐときは、この第2キックを省略します。

2 バタフライを泳ぐために、どのような泳ぎ方をすればよいのか

目標に合わせて段階にする

バタフライが確実に上達できるように、バタフライの目標を3段階に分けます。それぞれが目指す泳ぎ方のポイントについても記しておきます。

①**ラクラク・バタフライ**：バタフライをラクに25メートル泳ぐ
バタフライで25メートルをラクに泳ぐことを目標にします。

②**ロング・バタフライ**：バタフライをラクに長く泳ぐ
バタフライで続けて200メートル程度ラクに泳ぐことを目標にします。また休みを入れながら、通算で1500メートル泳げるようにします。これはプールで1時間運動することを想定しています。

③**スピード・バタフライ**：バタフライを速く泳ぐ
バタフライを速く泳ぐことを目標にします。

具体的には、プールで泳いでいるときに、隣の人のバタフライより速く泳げるようにします。

ラクラク・バタフライの泳ぎ方

○ラクな息継ぎ

バタフライをラクに泳ぐためには、息継ぎがラクにできる必要があります。息継ぎをラクにするために、頭を水上に出すときに使うエネルギーを最小限にします。具体的には、ダイブしているときに水面から頭一つ分深い位置まで沈んでから、反動を使って上体を浮き上がらせます。

○からだの前で手を水上に出す

またこの動きに合わせて手で水を下に押すことで、口が水上に出るようにします。

水上で手を動かす時間が長くなるほど、リカバリーの途中で手が着水するリスクが高くなります。そこでからだの前で手を水上に出すことで、水上に出た手がすぐに着水できるようにします。

長くラクに泳げるロング・バタフライの泳ぎ方

○キックで沈んだまま滑る

長くラクに泳ぐためには、1回のストロークで進む距離を伸ばす必要があります。そこでキックの後に体重を前にかけて、上体を沈めたまま滑ります。

○からだの横で手を水上に出す

着水した手を前方からからだの横まで動かして、からだの横で手を水上に出します。

ラクラク・バタフライよりも、手で水を後ろに押す割合が増えて、からだを前に動かすことができます。

○**手を加速して着水する**

手を水上に出したら、素早く前に運んで勢いをつけたまま着水します。この勢いを使って、キックしてダイブしたときのスピードを上げます。

⚡速いスピード・バタフライの泳ぎ方

速く泳ぐためには、推進力を増やすとともにテンポを速くする必要があります。

○**からだの後ろで手を水上に出す**

水中の手を前からからだの後ろまで動かして、からだの後ろで手を水上に出します。

○**水上で前に飛ぶ**

水中の手を後ろに運びながら、水を素早く後ろに押すことでからだを前に飛ばします。このときキックで水を下に押すことで、水上の姿勢を安定させて滞空時間を延ばすことができます。

○**手を素早く前に運んで着水する**

水上に出した手を、素早く前に運んで勢いをつけながら着水します。この勢いを使って、キックしてダイブしたときのスピードを上げます。

○**からだの浮き沈みを調整する**

テンポを速くするためには、浮き沈みの幅を小さくする必要があります。スピードに合わせて浮き沈みを調整します。

3 バタフライのために必要な「技術」

ラクラク・バタフライに必要な技術

○バタフライをラクに泳ぐために

体重を前にかけて上体を沈めます。沈めたからだが浮き上がるのに合わせて、手で水を下に押して上体を上げます。からだの前で手を水上に出して、素早く動かして着水します。

○からだを沈める技術

上半身を沈めて下半身を浮き上がらせた姿勢を作ります。顔は斜め前を向いて、胸に体重をかけます。（「両手前グライド」と「キックでダイブ」を参照）

○浮き上がりに合わせて手を動かして顔を水上に出す技術

自然な浮き上がりでは口が水上に出るまで頭の位置は上がりません。そこで両手で水を下に押さえながら浮き上がって、口を水上に出します。

口が水上に出るときに、肘が水面すれすれに来るように手を動かします。手を素早く水上に出すときに、肘のこのポジションが大切です。（「立位手伸ばしリハーサル」と「立位スカリングリハーサル」を参照）

○からだが沈む前に手を着水する技術

息継ぎのために水上に上がった肩が沈む前に、両手を前に運んで着水する必要があります。このタイミングに間に合うように、水上に手を出す位置を決めます。手を着水するときは、手を伸ばしたまま顔→上腕→前腕→掌（たなごころ）→指先の順番に着水するように手の動かし方を決めます。（「立位ストロークリハーサル」と「連続息継ぎ」を参照）

長く泳げるロング・バタフライに必要な技術

○バタフライを長く泳ぐために

手を着水してからキックして滑ります。グライドする時間を延ばします。グライドするための勢いを作ります。（「両手前グライド」と「両手前ダイブ」を参照）

○沈みながら滑る技術

1ストロークの距離を伸ばすために、キックでダイブすることで長い時間グライドします。（「キックで下押し」と「キックでダイブ」を参照）

○手を着水するときに勢いを増やす技術

からだの横で水上に出した手を、肘を伸ばしながら素早く前に運んで着水します。このときの勢いを保ちながらキックでダイブすることで、より速い速度でグライドします。（「加速エントリーからキックでダイブ［肩の横から］」を参照）

速いスピード・バタフライに必要な技術

○バタフライを速く泳ぐために

水上で手を後方から前に素早く運びます。（「加速エントリー〔肩の後から〕」を参照）

○水中の手の動きで前に進む技術

スカリングで上体を起こして、プッシュで上体を前に飛ばします。（「ダイブから水中ストローク」を参照）

○飛び出す技術

足で水を押さえながら手を後ろまで運んで、からだを前に飛ばします。（「キックしながらプッシュ」を参照）

○テンポを上げる技術

からだの上下動を抑えることで、テンポを速くすることができます。低い姿勢で水上に飛び出して、水中で水面から浅い位置で手を動かします。（「ダイブから飛び出し」を参照）

4 「技術」を身につけるためのステップ

◎バタフライをラクに泳ぐ技術を身につける　ラクラク・バタフライ

【目標】

息継ぎをしながら25メートルをラクに泳ぎます。

【特徴】

○**手の動し方**：からだの前で手を水上に出して着水する動きです。手を後ろまで運ぶ途中で水上に出すバタフライを、「ミニフライ」と呼びます。革命バタフライの革命的なアイデアの一つです。

○**キック**：手を着水してから1回キックします。

○**推進力**：キックをしてから体重を前にかけて滑るダイブが主な推進力です。

【技術習得のステップ】

①からだの浮き上がりに合わせて手を動かして、頭が水上に出るようにします。

②からだの前で手を水上に出して着水します。

③キックでからだを沈めながら、体重を前にかけて滑ります。

ⅲバタフライを長くラクに泳ぐ技術を身につける　ロング・バタフライ

【目標】

２００メートルを続けて泳ぎます。

また休みながら通算で１５００メートルを泳げるようにします。

【特徴】

○**手の動かし方**：これもミニフライの一種ですが、からだの横で手を水上に出して前に運んで着水します。

○**キック**：手を着水してから1回キックします。

○**推進力**：キックをしてから体重を前にかけて滑るダイブが主な推進力ですが、水上で前に運ぶ手を加速して着水する勢いを加えます。

②足の蹴り下げで上体を下げて、蹴り上げで体重を前にかけて滑ります。

【技術習得のステップ】

①からだの横から手を水上に出して、勢いをつけて着水します。

②足の蹴り下げで上体を下げて、蹴り上げで体重を前にかけて滑ります。

バタフライを速く泳ぐ技術を身につける　スピード・バタフライ

【目標】

25〜200メートルを速く泳ぎます。

【特徴】

○手の動かし方：からだの後ろで手を水上に出して前に運んで着水します。これを「フルフライ」と呼びます。

○キック：手を着水してから1回、上体を飛び出すために1回キックします。

○推進力：キックをしてから体重を前にかけて滑るダイブに、水上で前に運ぶ手を加速して着水する勢いを加えます。また水中で手を後ろに運ぶことでからだを前に飛ばします。

【技術習得のステップ】

①からだの後ろで手を水上に出して、勢いをつけて着水します。

②からだを水上に飛ばすために、手で水を後方に押します。

③からだを水上に飛ばすために、キックで足を支えにします。

5 「技術」を身につけるために必要な練習とは

ドライランド練習

ドライランド練習は、「水泳の動き」を取り出して、陸上で練習する方法です。これまでの私たちの指導経験によると、**泳ぎで発生する課題の7割は陸上の練習で解決することが**できます。

ドライランド練習の最大の目的は、「姿勢や動作を観察する」ことです。

鏡など自分の姿が映る場所で、頭や顔の位置、手の動きや形を観察し、見本と比べたうえで違いがあれば修正します。泳いでいるときには自分の行っていることがほとんど見えないので、観察と修正を陸上で行うことが水泳の上達において欠かせません。

また「水中」という普段慣れていない環境でいきなり新しい動作を習得するよりも、溺れる心配がない陸上で先に学んでおくことは、効率の面からも、心理的な面からもとてもメリットがあると考えています。

そして繰り返しになりますが、バタフライに必要な動作のほとんどがドライランドで習得することが可能なのです。

プール練習

○ドリル練習

特定の姿勢や動きに絞って、水中で繰り返し練習する方法がドリル練習です。繰り返し練習することで姿勢や動きを覚えるだけでなく、正しい姿勢や動きを行ったときに得られる感覚を身につける効果もあります。

バタフライを泳ぐときは、この感覚が得られるように姿勢や動きを調整します。

多くのドリル練習は床を蹴った勢いがある間に行います。足が沈み始めたら立って、また最初から繰り返します。

○スイム練習：25メートルまで

バタフライを泳ぐスイム練習は、最初は2〜3ストロークの短い距離から始めます。

ここでの目的は、正しい姿勢や動作を行っているかどうか観察する力を身につけることです。

次に距離をプールの半分（12・5メートル）まで伸ばします。ストローク数では5〜7ストロークに相当します。

ラクに続けられるか、無理をしている場所はないかを確認しながら泳ぎます。

プールの半分で1回立つスイム練習を繰り返すことができるようになれば、25メートルはすぐに泳げるようになります。

○スイム練習：タスクの追加

25メートルを泳げるようになったら、バタフライを泳ぐだけでなく、他にやらなければならないこと（タスクと呼びます）を加えて練習を高度化します。

チェックポイント練習：意識する点を一つ決めて、その意識通りできたかどうかを泳いだ後に評価します。正しい姿勢や動きをからだに染み込ませるために行います。

ストローク・カウント練習：何ストローク泳いだかを数えることで、ストローク数をコントロールしてスピードを上げる練習です。

ディスタンス練習：泳ぐ距離を次第に伸ばすことで、疲れることによる「泳ぎの劣化」を抑える練習です。長距離を泳いだり、スピードを上げたりするときに行います。

レスト練習：休憩時間を次第に短くすることで、続けて泳ぐのと同じ効果を得ることができます。泳ぐ距離を伸ばすときに行います。

スプリント練習：非常に短い距離を一気に速く泳ぐ練習です。短距離のスピードアップだけでなく、長距離でスピードが落ちたときの加速のスイッチにも使えます。

第3章 ラクラク・バタフライ
25メートルをラクに泳ぐ

いよいよこの章から実践的なエクササイズを紹介していきます。項目ごとにQRコードからリンクして動画を準備していますので、文章を読んで理解したら、動画を見て、実際に自分でもからだを動かして学習を進めてください。

1 ラクに泳ぐための動作

ラクに泳ぐための推進力

バタフライをラクに泳ぐために、キックでダイブすることを主要な推進力とします。

○キック：体重を前にかける支えにする

足の甲で水を下に押すときの水の反動を使って、体重を前にかけるときの支えにします。

○ダイブ：体重を前にかけて沈んだまま滑る

両手を時計の文字盤の2時と10時の位置に伸ばして、胸に体重をかけて水面から頭一つ分沈みます。

体重を前にかけることで、沈んだまま滑ります。

ラクに泳ぐための手の動かし方

【水中】

手でかいて（＝水を後ろに押して）からだを前に動かさないようにします。

沈んだからだの浮き上がりに合わせて水を下に押します。

手を水上に出しやすくするために、肘を水面近くに保ちます。

【水上】

からだの前で手を水上に出します。

いったん手を水上に出したら素早く着水しなければなりません。このため水中から素早く「抜いて」、前に伸ばします。

水上に出た上体は、顔、上腕、前腕、掌（たなごころ）、指先の順に着水します。

ラクに泳ぐための足の動かし方

水を後ろに押すことは意識しないで、足首をゆるめたまま、ひざをゆるめて素早く伸ばします。

足の甲から爪先にかけて水を下に押したときの水の反動を、体重を前にかけるための支えにします。

ラクに泳ぐためのからだの動かし方

いわゆる「うねり」を作る必要はありません。
体重を前にかけた姿勢であるＹ姿勢で滑ります。
手を動かしている間は背中を軽く丸めてＩ姿勢を作ります。

ラクに泳ぐための息継ぎの仕方

○頭を立てない

頭を早く水上に出したいと思うと、顔が前を向いてしまい、頭を立てて動かすことになります。この結果上体が急速浮上して、反対に足が下がります。そうなると抵抗が大きくなってしまい、ラクラクで泳げなくなってしまいます。

Ｙ姿勢のときの顔の向きを保って、頭頂部を斜め前に向けたまま頭が水上に出るようにします。

○三つの力を使う

一度沈めたからだを、口を水上に出すために浮き上がらせるには、次の三つの力を使います。

①沈んだからだが浮き上がる力
②手を支えにして伸ばしたからだが縮む力（Ｙ姿勢からＩ姿勢への切り替え）
③手で水を下に押して上体を起こす力（スカリング）

この三つの力で口が水上に出れば、息継ぎのためのキックは必要ありません。

2　ラクに泳ぐための学習ステップ

手の動かし方

頭を水上に出すために手で水を下に押すスカリングと、水上に素早く出して前に運ぶリカバリーを学習します。

からだの上下動に合わせた手の動かし方（ボビング）

手で水を下に押しながら上体を上げて、リカバリーで手の浮力が失われることにより上体を沈める動きを学習します。

ダイブ

キックによる水からの反動を支えにして、体重を前にかけて沈んだまま滑るダイブを学習します。

動作の組み合わせ

ダイブしてからの浮き上がりに合わせて手を動かして、一連のバタフライの動きが完成です。

3 ラクラク・バタフライ　ドライランド練習
（Y姿勢とI姿勢）

Y姿勢とI姿勢
https://eswim.club/videos/R41410c0c4.html

○動作ステップ

①座った姿勢で、両手をI姿勢の位置（時計の文字盤の1時と11時で水平面から60度）に伸ばして後傾します。

②わきの下を伸ばして前傾しながら、両手を広げてY姿勢の位置（2時と10時で水平面から45度）に伸ばして、手のひらを45度外側に向けます。

③動作を繰り返します。

○チェックポイント

Y姿勢では外側に手を広げることで、胸で水を押すように前傾します。

I姿勢では両手を肩幅に戻して背中を丸めて、Y姿勢では両手を肩幅より20センチメートル広げて胸を張ります。

（水押し）

水押し
https://eswim.club/videos/R41420c22e.html

○動作ステップ

①座った姿勢で、Y姿勢の位置（時計の文字盤の2時と10時で水平面から45度）に手を伸ばします。

②肘を伸ばしたまま手を50センチメートル下ろして戻す動作を繰り返します。

③（ボビング練習）腰掛けたY姿勢から、手を下ろしながら中腰で立ち上がって、手を上げながらまた座る動作を繰り返します。

○チェックポイント

手をリラックスして、肘を素早く下に動かします。

ボビング練習では、水を素早く下に押すことで、からだが浮き上がる動きを再現します。

（スカリング）

○動作ステップ

①座った姿勢で、Y姿勢の位置（時計の文字盤の2時と10時で水平面から45度）に手を伸ばします。

②肘を曲げながらスカリングポイント（4時半と7時半）まで文字盤に沿って手を動かします。

③同じ軌跡を通って、手をY姿勢の位置に戻します。

④（ボビング練習）腰掛けたY姿勢から、手を下に動かしながら中腰で立ち上がって、手を上げながらまた座る動作を繰り返します。（図❻〜❽）

○チェックポイント

上腕を固定して、肘の位置を上げながら肘を曲げます。

スカリングポイントでは、両手がからだの幅以上に近づかないようにします。

ボビング練習では、手と上腕で水を下に押すことでからだが浮き上がる動きを再現します。

スカリング
https://eswim.club/videos/R41430c363.html

（Y姿勢へのリカバリー）

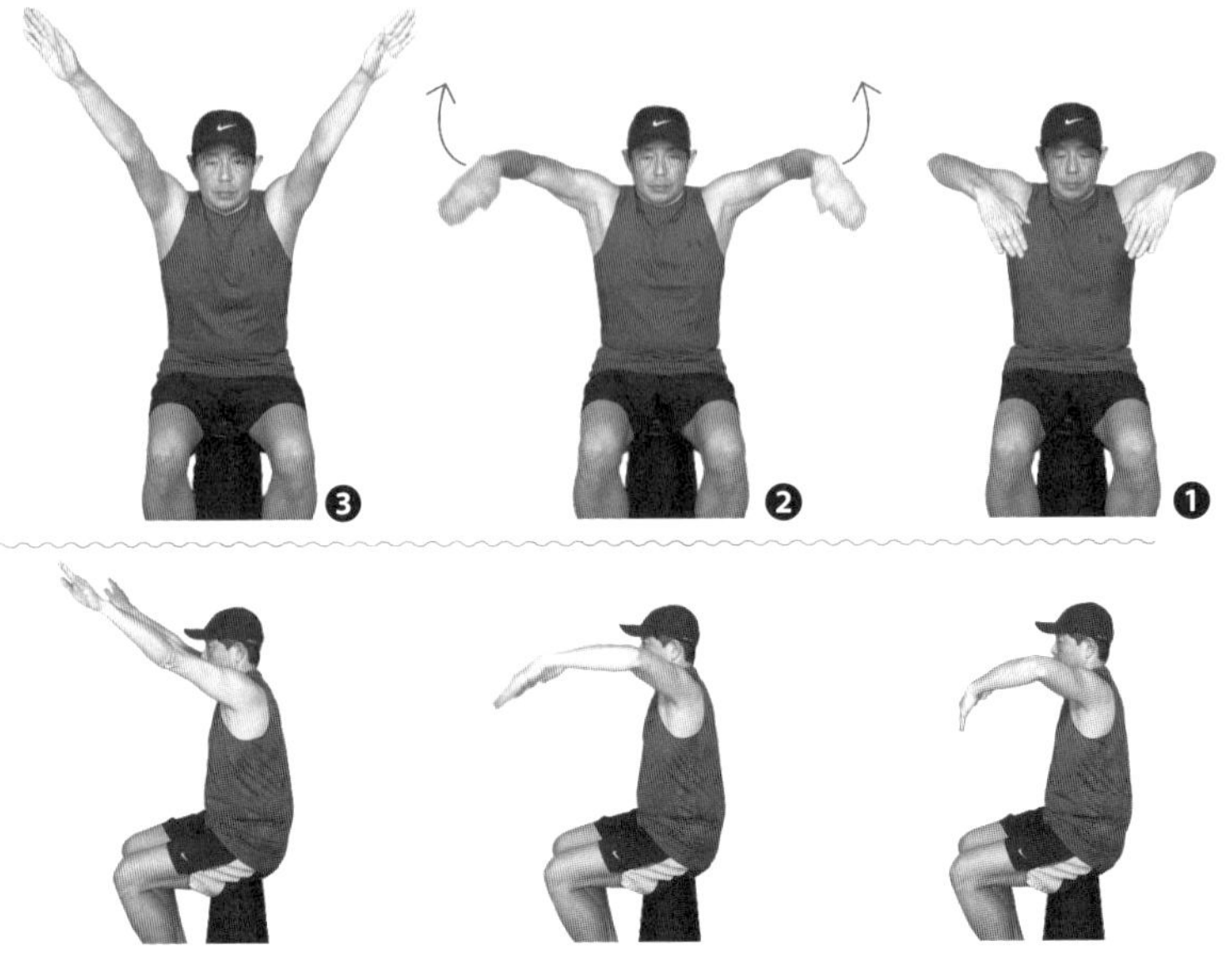

○動作ステップ

①座った姿勢で、肘を曲げてスカリングポイント（時計の文字盤の4時半と7時半で水平面から45度）に手を置きます。

②3時と9時の方向に肘を素早く伸ばしながら手を外に回して、Y姿勢の位置（2時と10時）に置きます。

③（ボビング練習）中腰の姿勢でスカリングポイントに手を置いて、Y姿勢の位置にリカバリーしながら腰かける動作を繰り返します。（図❺〜❼）

○チェックポイント

3時と9時の方向に肘を素早く伸ばす動きと、2時と10時の位置まで手で弧を描く動きを組み合わせます。

ボビング練習では、手を水上に出すことで、浮力が減ってからだが沈む動きを再現します。

Y姿勢へのリカバリー
https://eswim.club/videos/R41440cc98.html

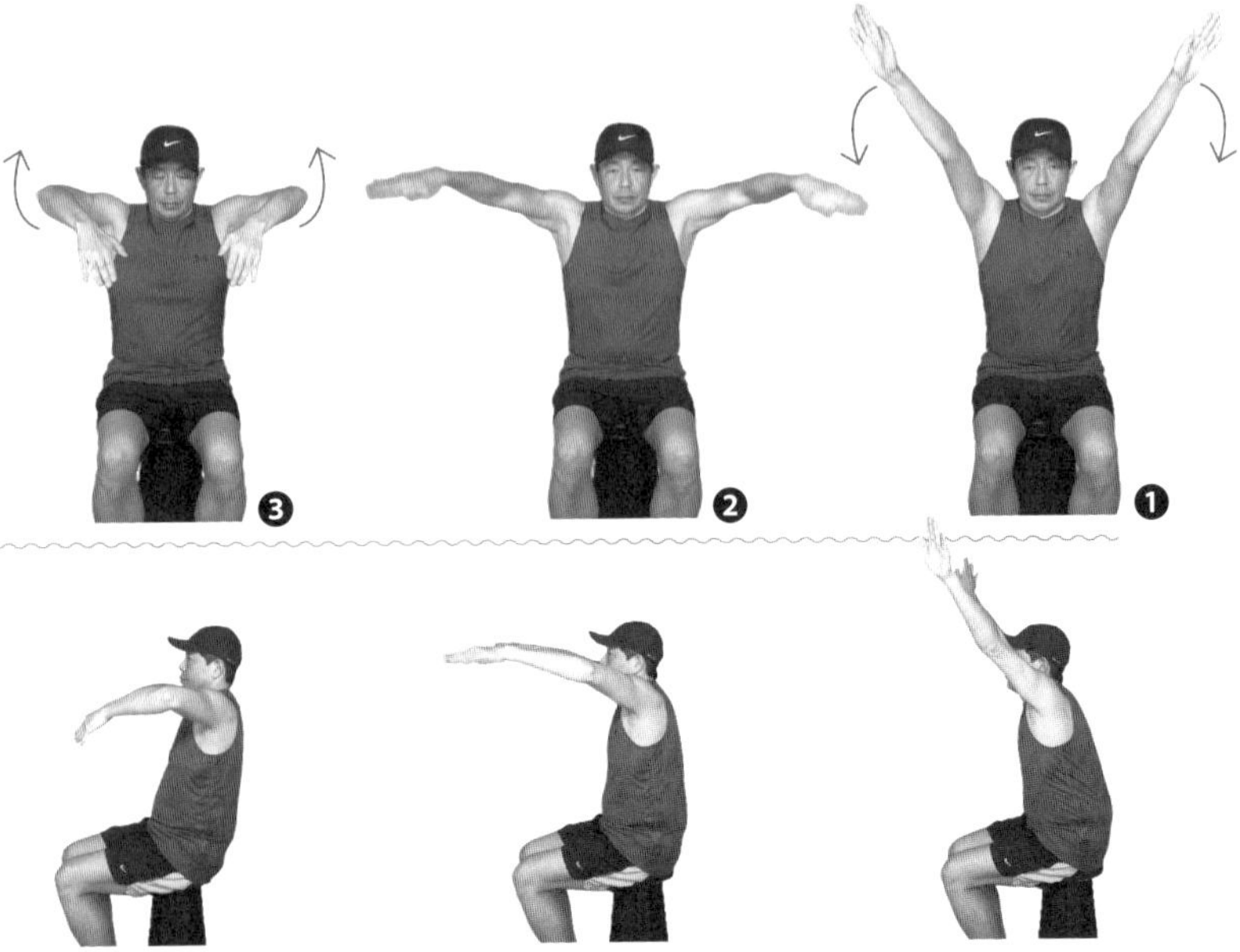

❶ ❷ ❸

（スカリングからY姿勢へのリカバリー）

○動作ステップ

①座った姿勢で、Y姿勢の位置（時計の文字盤の2時と10時で水平面から45度）に手を伸ばします。

②肘を曲げながらスカリングポイント（4時半と7時半）まで文字盤に沿ってゆっくり手を動かします。

③3時と9時の方向に肘を素早く伸ばしながら手を外に回して、Y姿勢の位置（2時と10時）に置きます。

④動作を繰り返します。

⑤（ボビング練習）腰掛けたY姿勢から、スカリングしながら中腰で立ち上がって、Y姿勢の位置までリカバリーをしながら腰掛ける動作を繰り返します。（図❺〜❼）

○チェックポイント

水平面から45度傾いた時計の文字盤上で手を動

かします。

ボビング練習では、手と上腕で水を下に押すことでからだが浮き上がって、リカバリーでからだが沈む動きを再現します。

スカリングからＹ姿勢へのリカバリー
https://eswim.club/videos/R41450c75a.html

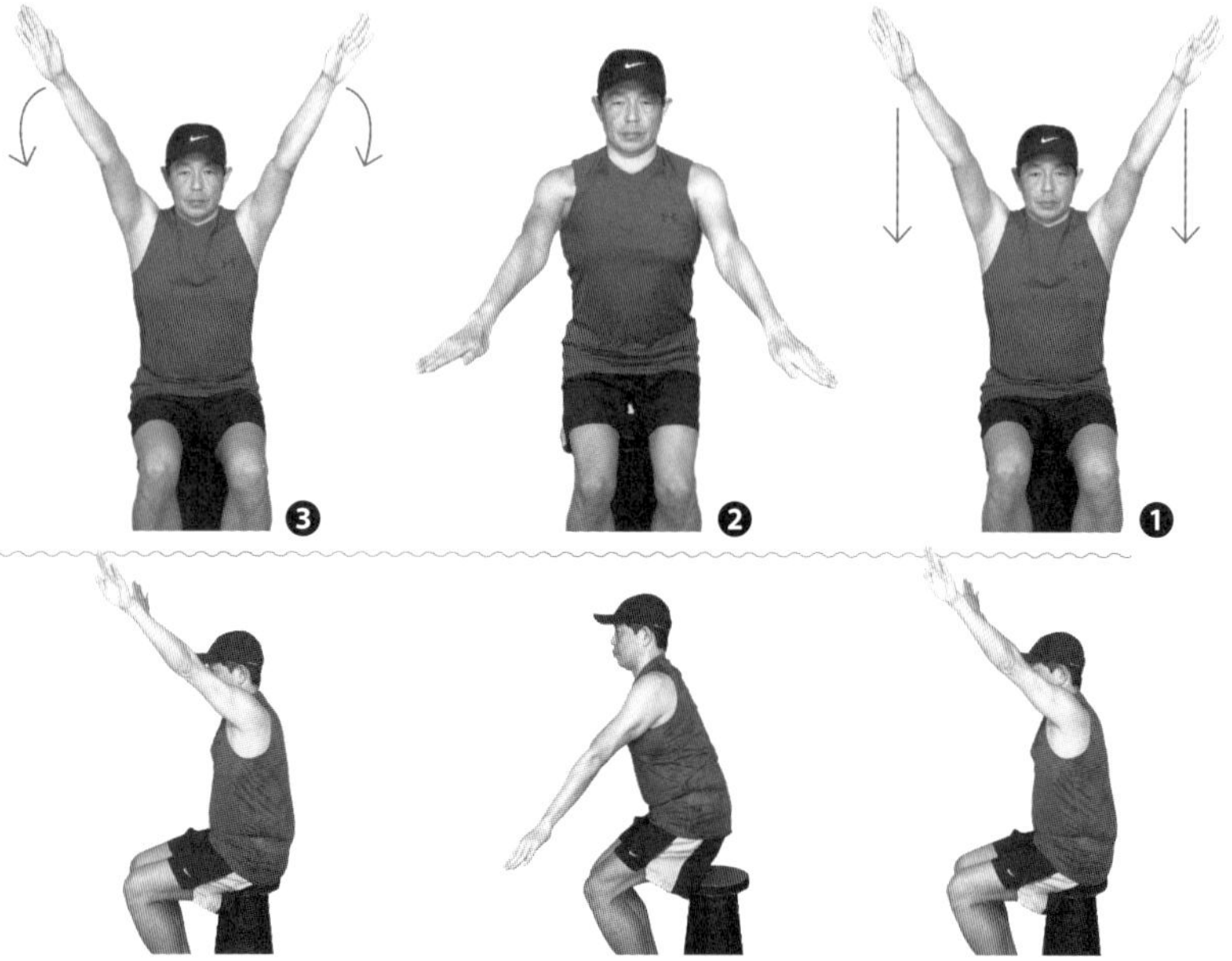

（ボビング水押し—スカリング—リカバリー）

○動作ステップ

①座った姿勢で、Y姿勢の位置（時計の文字盤の2時と10時で水平面から45度）に手を伸ばします。

②（水押し）中腰で立ち上がりながら、肘を伸ばしたまま手を50センチメートル下ろす動作を4回繰り返します。

③（スカリング）スカリングポイント（4時半と7時半）まで文字盤に沿って手を動かしながら、中腰で立ち上がる動作を4回繰り返します。

④（リカバリー）スカリングポイント（4時半と7時半）まで文字盤に沿って手を動かしながら中腰で立ち上がったら、Y姿勢の位置までリカバリーをしながら腰掛ける動作を4回繰り返します。

○チェックポイント

動かし始めの手の位置を、頭頂部よりも高くし

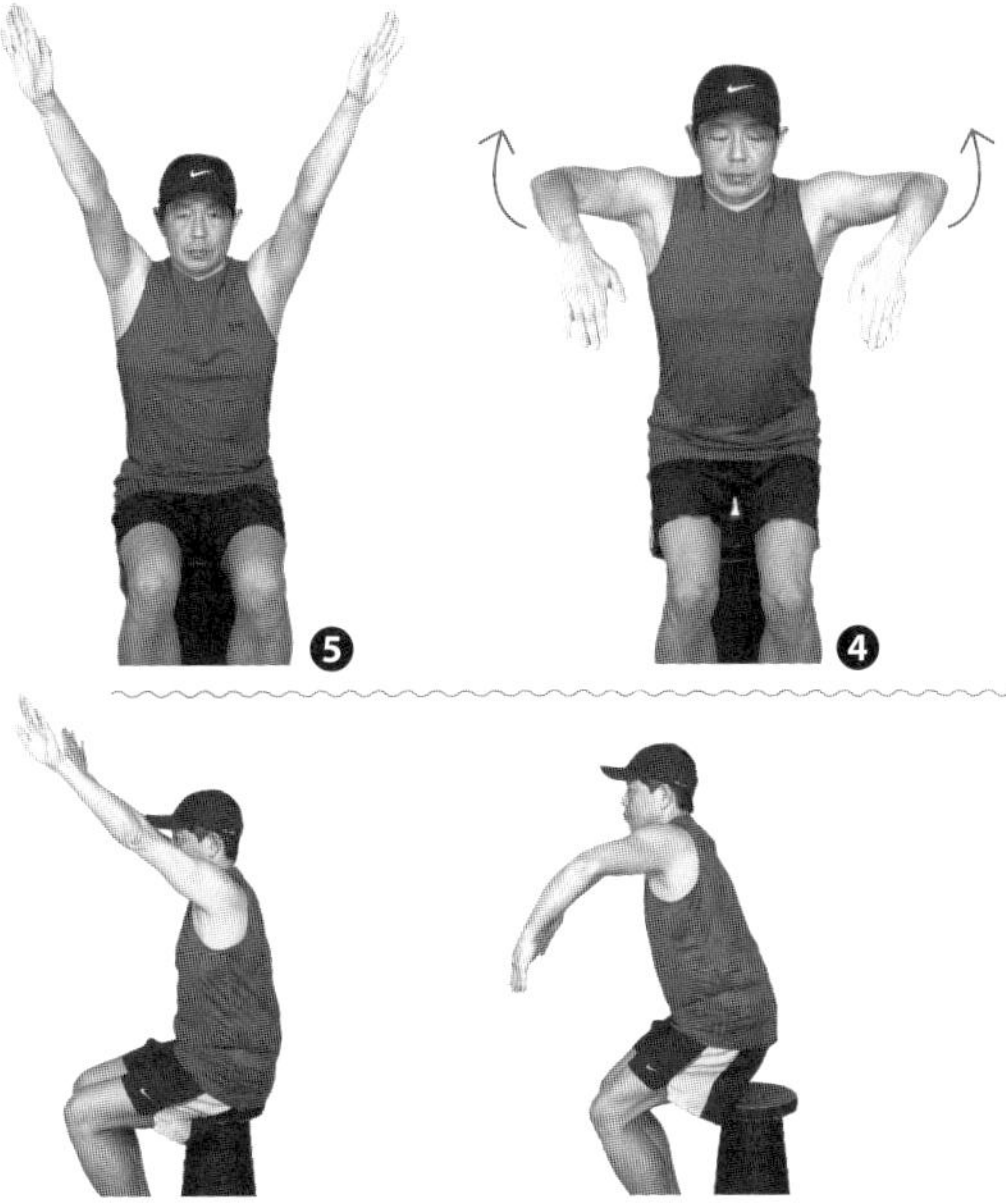

ます。
スカリングでは手の動きに合わせて上体をゆっくり上げて、リカバリーでは素早く腰掛けることでからだの浮き沈みを再現します。

ボビング水押し—スカリング—リカバリー
https://eswim.club/videos/R41460ce8f.html

（エントリー）

○動作ステップ

①座った姿勢で、肘を曲げてスカリングポイント（時計の文字盤の4時半と7時半で水平面から45度）に手を置きます。

②3時と9時の方向に肘を素早く伸ばしながら手を回して、あごを引きながらI姿勢の位置（1時と11時）に手を置きます。

③（ボビング練習）中腰の姿勢でスカリングポイントに手を置いて、あごを引きながらI姿勢の位置にリカバリーして腰掛ける動作を繰り返します。（図❺〜❽）

○チェックポイント

両手を水面上に着水するように伸ばします。
I姿勢では背中を丸めて上体を後傾します。

エントリー
https://eswim.club/videos/R41510c9c4.html

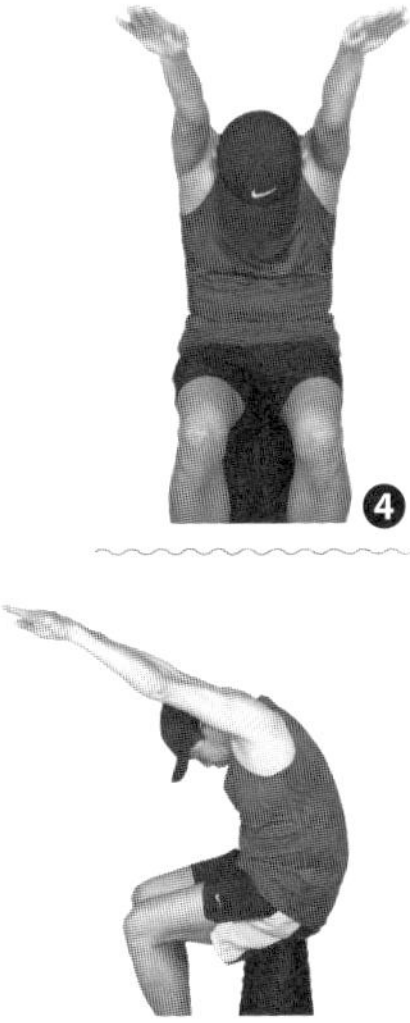

（ストローク）

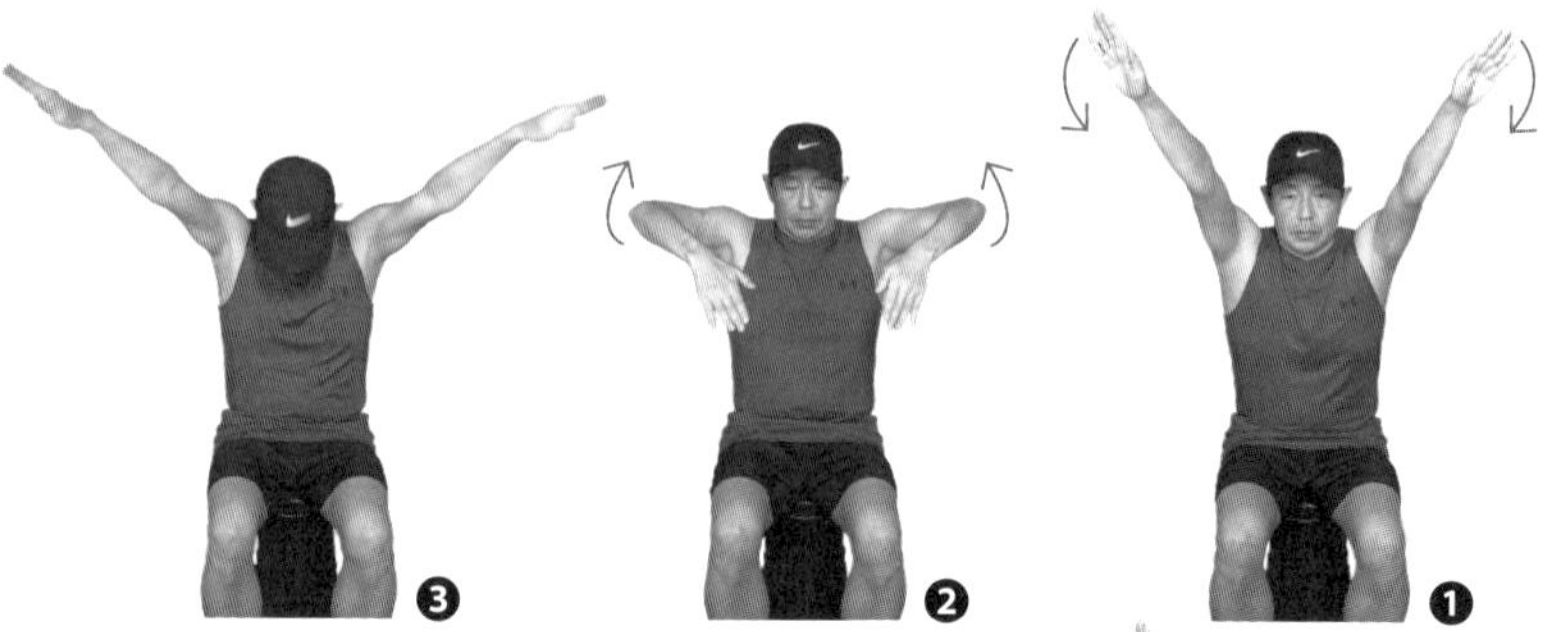

❸ ❷ ❶

○動作ステップ

①座った姿勢で、Y姿勢の位置（時計の文字盤の2時と10時で水平面から45度）に手を伸ばします。

②スカリング、リカバリーを行って、あごを引きながらＩ姿勢の位置（1時と11時）に手を置きます。

③前傾しながらY姿勢にして、動作を繰り返します。

④（ボビング練習）腰掛けたY姿勢から、スカリングしながら中腰で立ち上がって、Ｉ姿勢の位置までリカバリーをしながら腰掛けた後にY姿勢にする動作を繰り返します。（図❻〜❾）

○チェックポイント

Y姿勢では顔の向きを斜め上にすることで胸で水を押す姿勢を作って、Ｉ姿勢では顔の向きを正面にします。

肘の位置をできるだけ高く保ちます。

ストローク
https://eswim.club/videos/R41520cb2e.html

（キック）

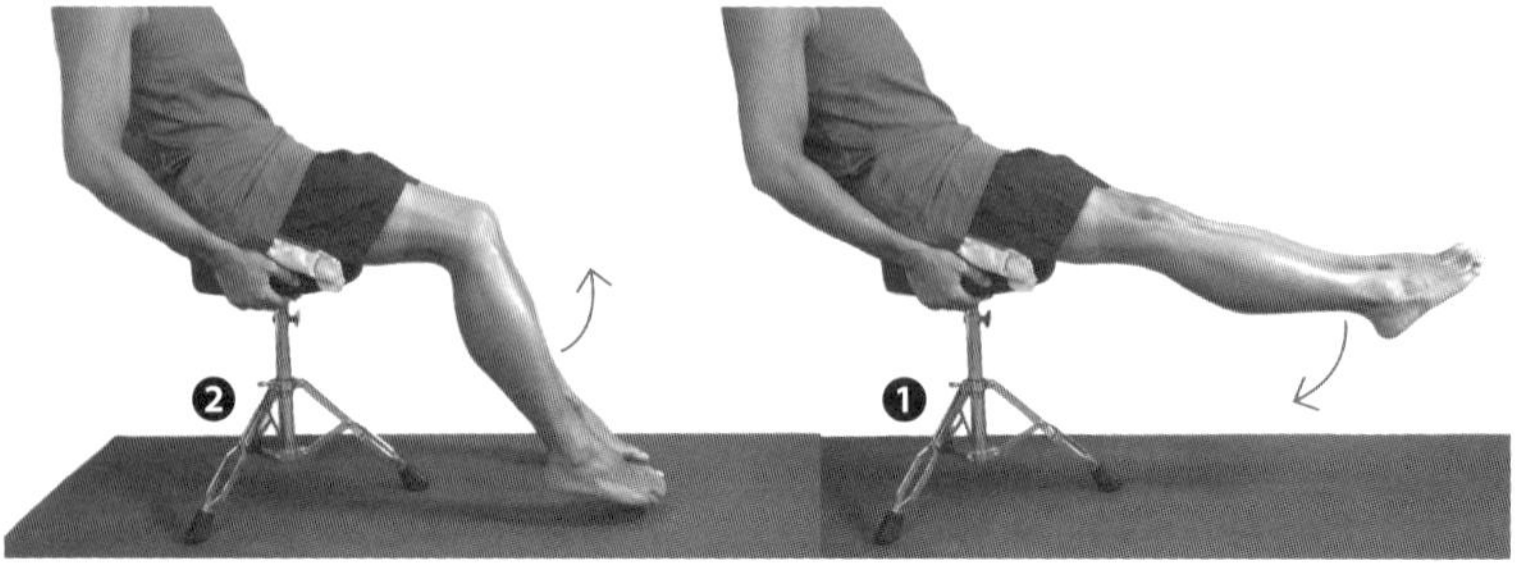

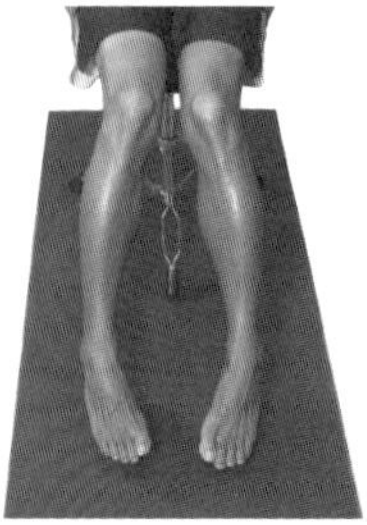

キック
https://eswim.club/videos/R41610ca63.html

○動作ステップ

①（ゆっくりした動作）座った姿勢で脚を伸ばします。

②ひざを45度曲げながら内側に回して、爪先を寄せたら、ひざの裏を伸ばす動作を繰り返します。

③（素早い動作）ひざをゆるめて内側に回したら、素早く伸ばす動作を繰り返します。

○チェックポイント

足首を常にゆるめます。

ひざを曲げるよりも、ひざをゆるめることでかかとの位置が下がるようにします。

ひざを曲げる角度を大きくする代わりに、内側に回したひざを戻す動きで素早い動作を作ります。

（キックでダイブ）

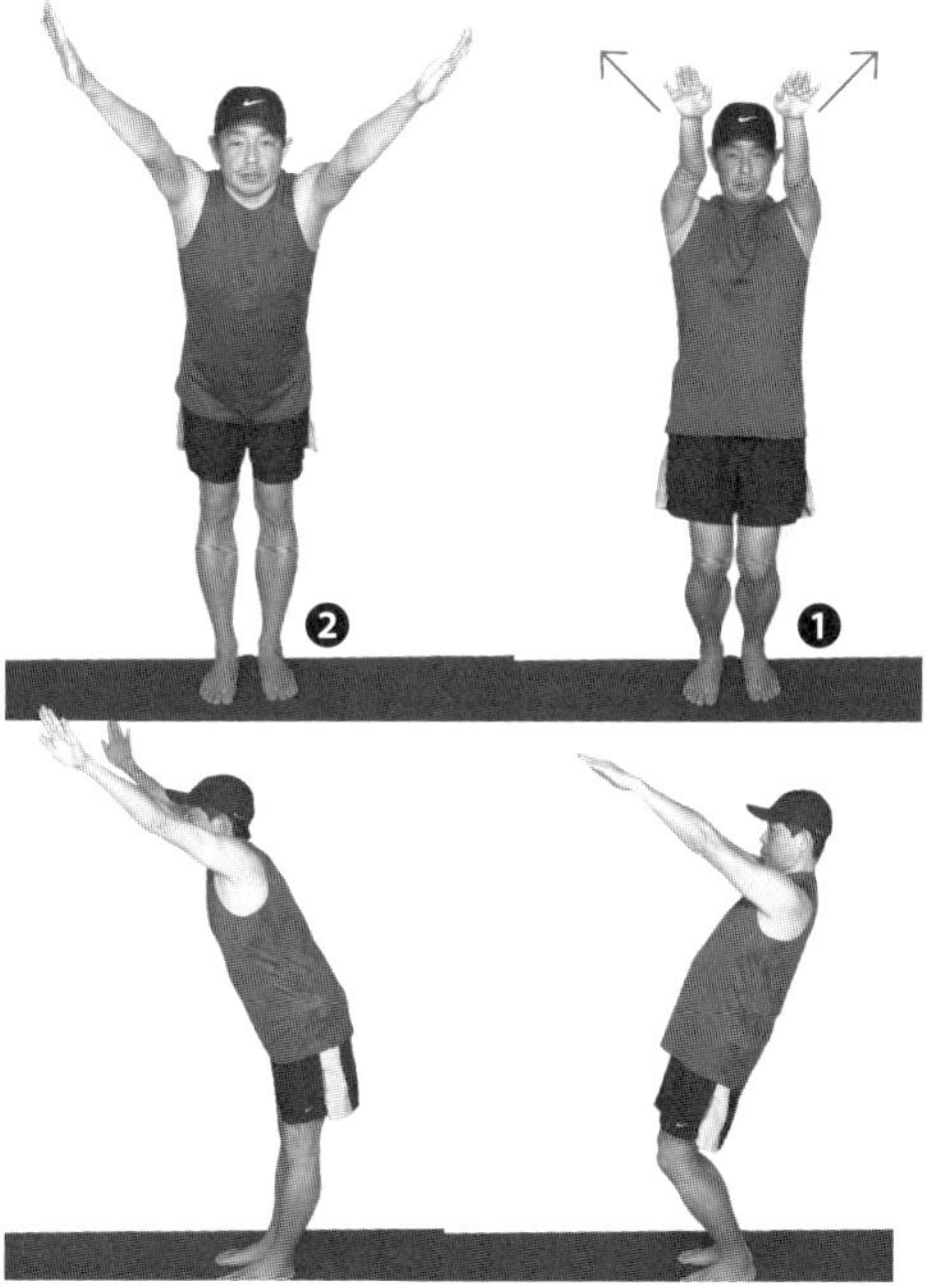

キックでダイブ
https://eswim.club/videos/R41620c4f0.html

○動作ステップ

①立った姿勢で、ひざを曲げながらＩ姿勢を作ります。

②ひざを素早く伸ばしながらＹ姿勢を作ります。

○チェックポイント

Ｉ姿勢にするときは、ひざをゆるめながら背中を丸めて上体を後傾させて、腰を前に出します。

Ｙ姿勢にするときは、腰を引きながら上体を前傾させて両手の間隔を倍に広げます。

Ｉ姿勢では正面を向いて、Ｙ姿勢では斜め上を向きます。

（ストロークからキックでダイブ）

○動作ステップ

①立った姿勢で、Y姿勢の位置（時計の文字盤の2時と10時で水平面から45度）に手を伸ばします。

②スカリング、リカバリーを行って、あごを引きながらI姿勢の位置（1時と11時）に手を置きます。

③ひざを曲げたら素早く伸ばしてY姿勢を作ります。

○チェックポイント

I姿勢の位置に手を置くときは正面を向いて、Y姿勢では斜め上を向きます。

手をI姿勢の位置に動かしてから、ひざを曲げ伸ばししてY姿勢を作ります。

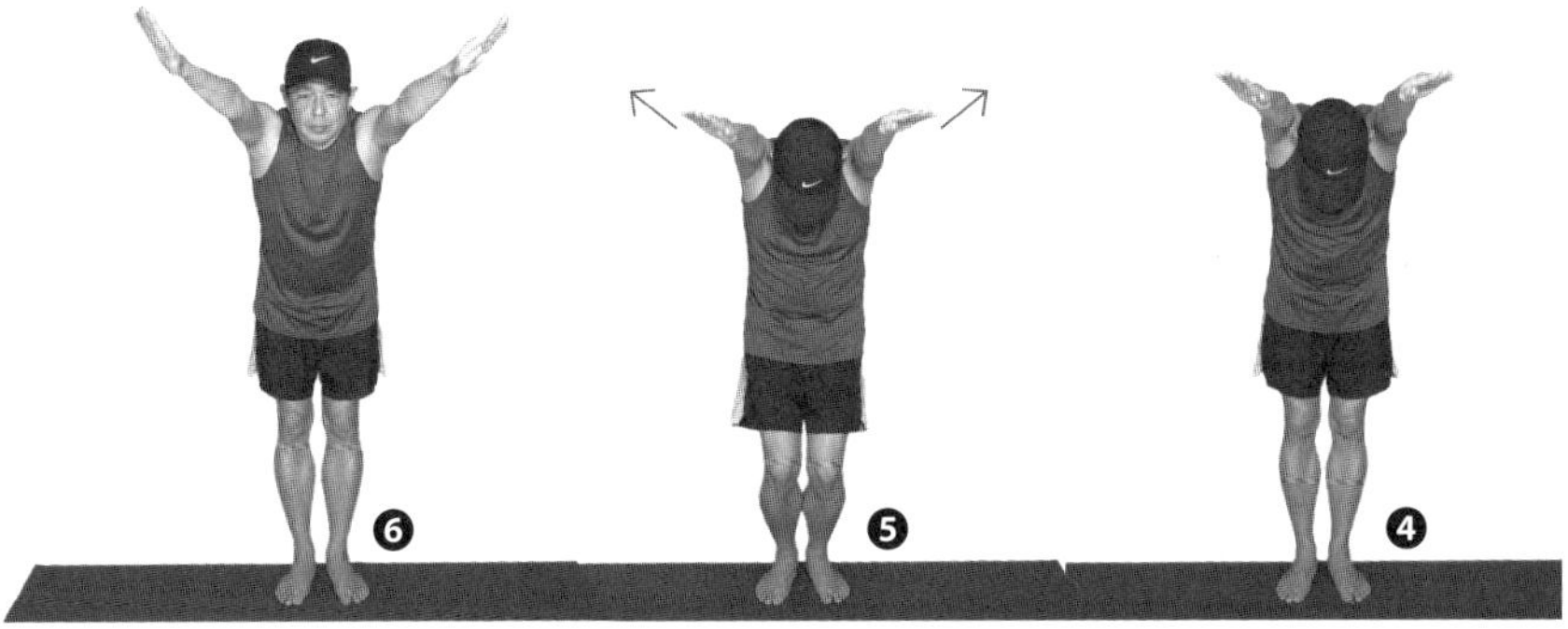

ストロークからキックでダイブ
https://eswim.club/videos/R41710c65a.html

4 ラクラク・バタフライ　プール練習

さて、いよいよここからプールに入っての練習となります。でも心配することはありません。ここまで陸上（ドライランド）で学んできた「動き」の組み合わせを使って泳ぐことができます。泳ぎに必要な動作はすべて習得しているのです。ぜひ自信を持ってください！

プールでの練習は、水中での身体感覚や動きのタイミングをつかんでいくことに意識を向けてみましょう。

〔呼吸の練習〕

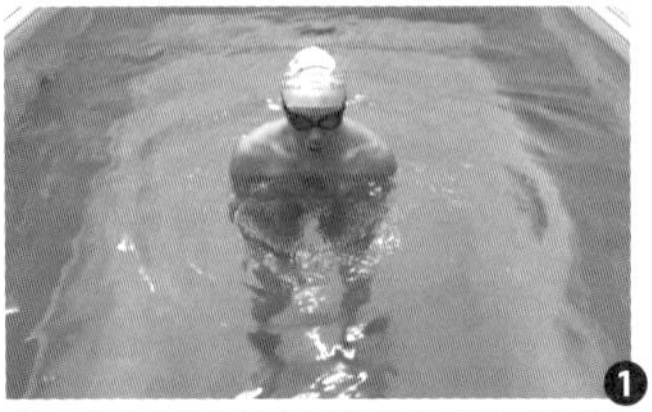
❶

❷

呼吸の練習
https://eswim.club/videos/D41010cf8f.html

○**目的**

からだを上下させながら、息を止めるタイミングと吐くタイミングを決めます。

○**動作ステップ**

①立った姿勢から、鼻から息を吐きながらしゃがんで、鼻が水没したら息を止めます。
②鼻から息を吐きながら、ひざを伸ばして立ち上

がります。

○**チェックポイント**

からだが一番深い位置に来ているときに、息を止めます。

息を吐きながら立ち上がることで、力を入れて素早く動作を行います。

（立位手伸ばしリハーサル）

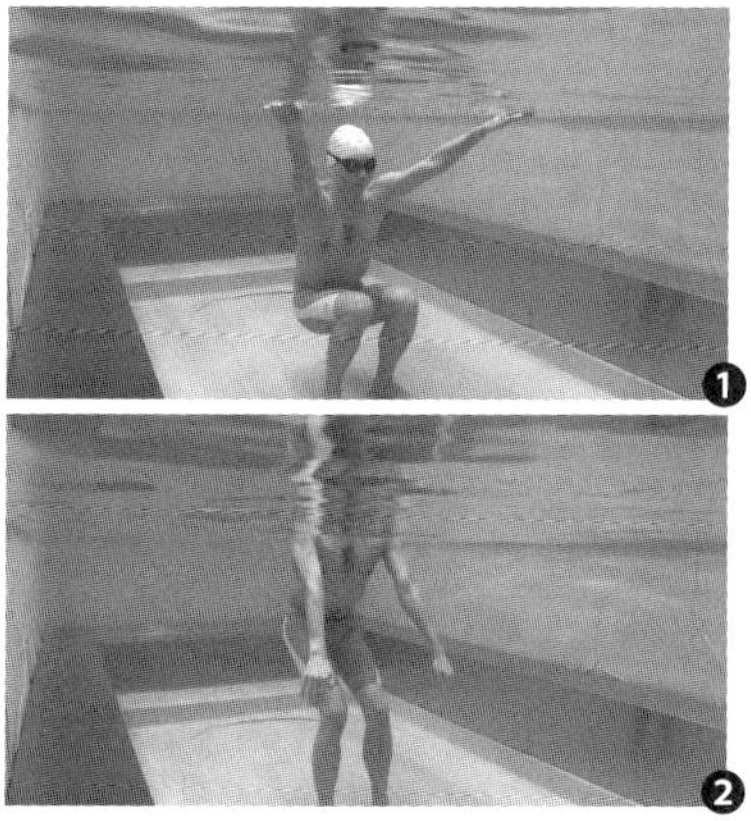

立位手伸ばしリハーサル
https://eswim.club/videos/D41020c8c4.html

○**目的**

手で水を下に押す動きと、上体を上げる動きをつなげます。

○**動作概要**

手を伸ばしたまま水を下に押します。

○**動作ステップ**

①（片手練習）片手を水面近くでＹ姿勢の位置（時

計の文字盤の2時）に伸ばして、素早く水を下に約50センチメートル押したら元の位置に戻します。

②（両手練習）両手をY姿勢の位置に伸ばして同様に水を押します。

③（ボビング練習）両手をY姿勢の位置に伸ばしながら頭を沈めて、水を下に押しながら立ち上がります。

○チェックポイント

ボビング練習では、手を水面すれすれに伸ばしたまま頭を沈めることで、水を下に押す距離を伸ばします。

水を素早く下に押すことで、からだが浮き上がる感覚を得ます。

（立位スカリングリハーサル）

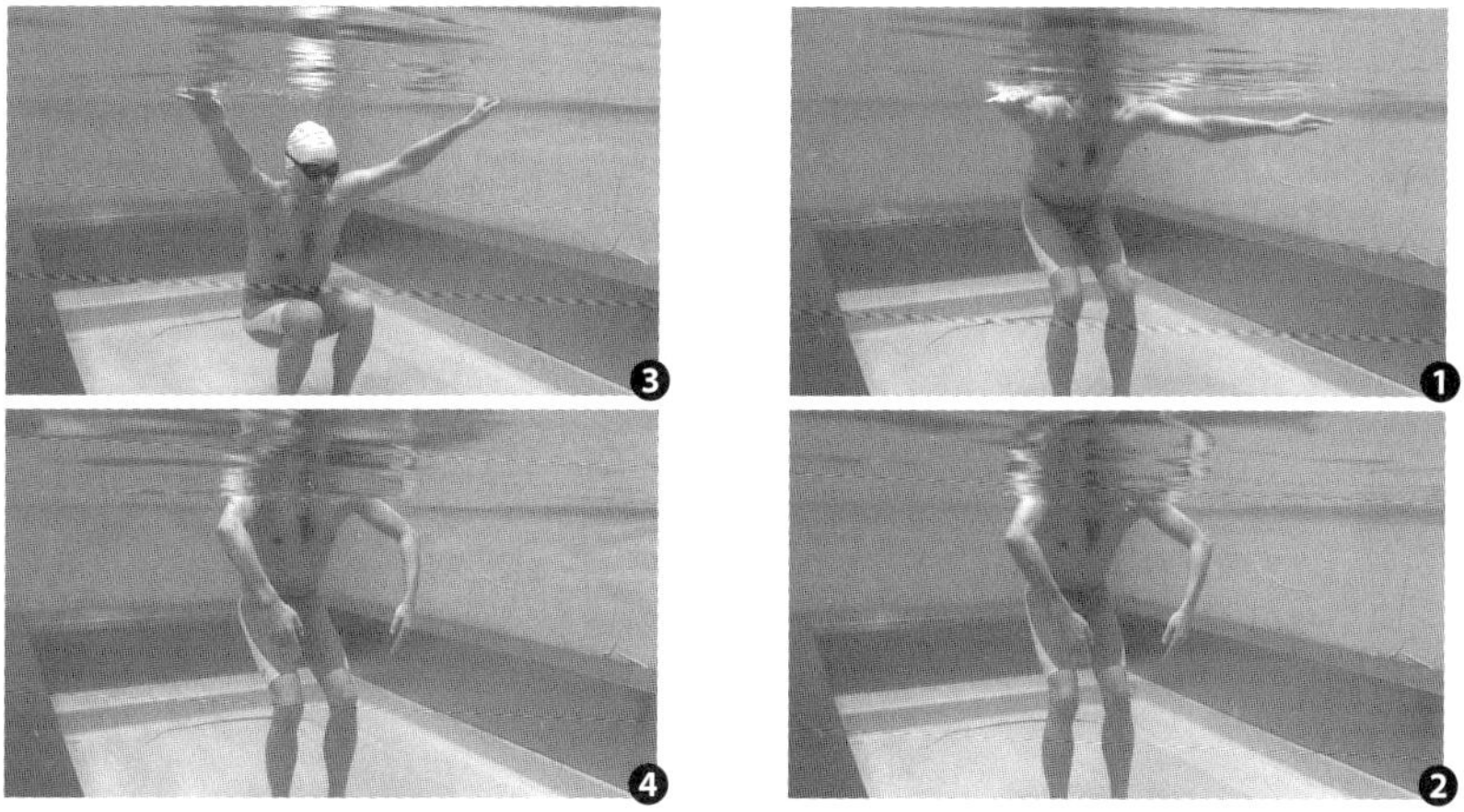

立位スカリングリハーサル
https://eswim.club/videos/D41030c9f9.html

○目的

水中の手で水を押すことで、上体を上げます。

○動作概要

Y姿勢の位置からスカリングポイントまで手を動かしながら上体を上げます。

○動作ステップ

①（片手練習）片手を水面近くでY姿勢の位置（時計の文字盤の2時）に伸ばして、スカリングポイント（4時半）まで素早く動かして水を下に押します。

②（両手練習）両手をY姿勢の位置に伸ばして同様にスカリングで水を下に押します。

③（ボビング練習）両手をY姿勢の位置に伸ばしながら頭を沈めて、スカリングで水を下に押しながら立ち上がります。（図❸～❹）

（立位リカバリーリハーサル）

○目的

手を水上に出しながら前に運びます。

○動作概要

スカリングポイントから手を水上に素早く出して、Y姿勢の位置に着水します。

○チェックポイント

肘を上げながらスカリングして、手をスカリングポイントに動かしたときは、肘が水面近くに来るようにします。

動かし始めを素早く行って水を捉える感覚を得ます。

手を動かす勢いで両手がからだの幅以上に近づかないようにします。

立位リカバリーリハーサル
https://eswim.club/videos/D41040c498.html

○**動作ステップ**

①（片手練習）スカリングポイント（時計の文字盤の4時半）から、3時の方向に肘を素早く伸ばしながら手を水から抜いて、水面上のY姿勢の位置（2時）に置きます。

②（両手練習）スカリングポイントから、同様に肘を素早く伸ばしながら手を水上に出してY姿勢の位置に置きます。

③（ボビング練習）両手をスカリングポイントに動かしてから、リカバリーしながら頭を沈めて手をY姿勢の位置に置きます。

○**チェックポイント**

リカバリーした手は水面上に置くだけにします。ボビング練習では、手を水上に出すことで、浮力が減ってからだが沈む動きを再現します。

立位ストロークリハーサル（Y着水）

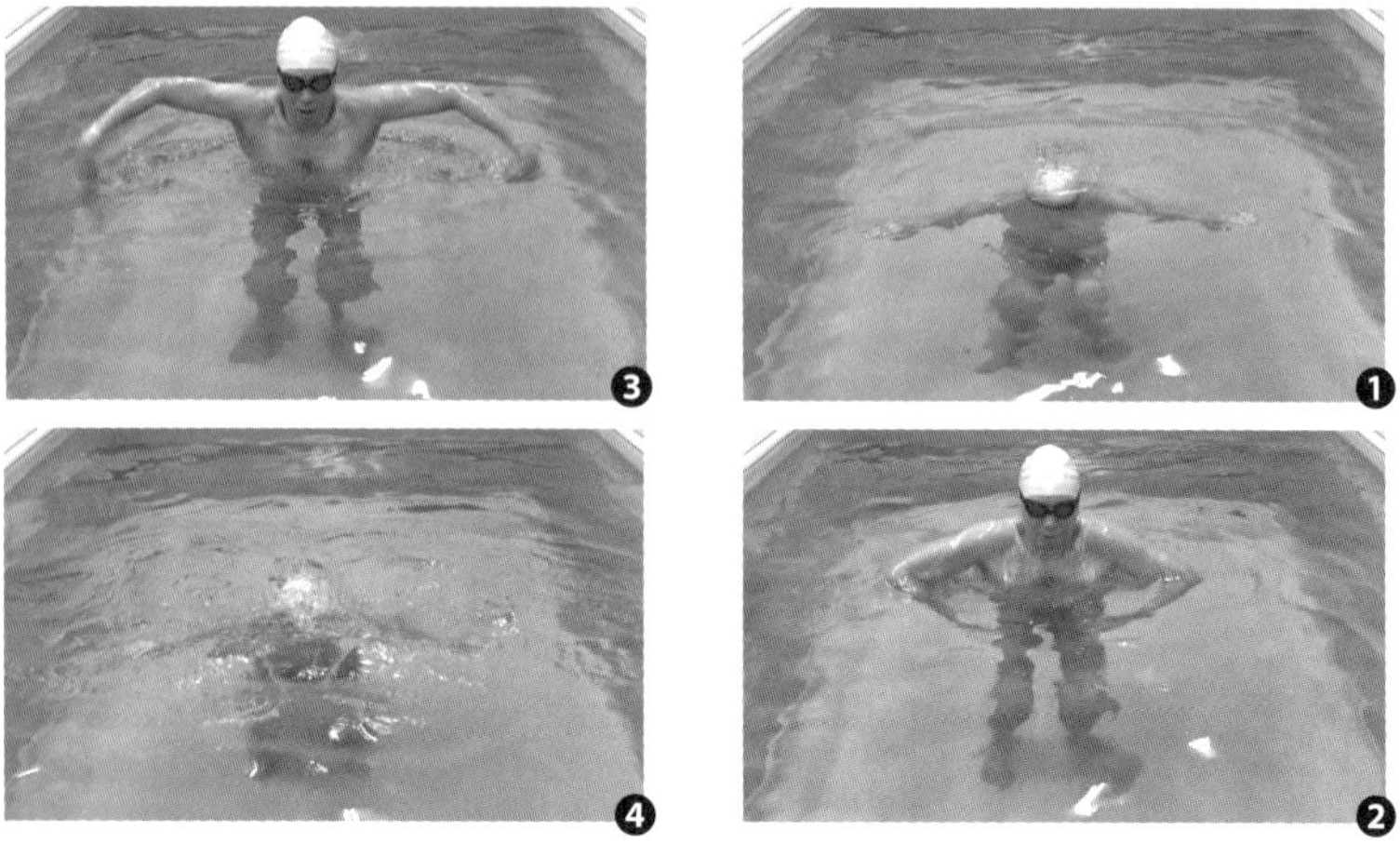

立位ストロークリハーサル（Y着水）
https://eswim.club/videos/D41050c4f0.html

○目的

水中と水上の手の動きをつなげます。

○動作概要

Y姿勢の手の位置からスカリング、リカバリーしてY姿勢の手の位置で着水します。

○動作ステップ

①（片手練習）片手をY姿勢の位置に伸ばして、スカリングしたらリカバリーしてY姿勢の位置に置きます。

②（両手練習）両手をY姿勢の位置に伸ばして、スカリングしたらリカバリーしてY姿勢の位置に置きます。

③（断続動作）両手をY姿勢の位置に伸ばして頭を沈めて、スカリングしながら頭を上げて息継ぎをしたら、リカバリーしてY姿勢の位置に両

手を置きながら頭を沈めます。

④（連続動作）頭を沈めた状態から、スカリングで息継ぎしてリカバリーで頭を沈める動作を繰り返します。

○チェックポイント

スカリングでゆっくり浮き上がり、リカバリーで素早く沈むという、からだの浮き沈みのリズムを覚えます。

スカリングでは肘を高い位置に保つことで、手を素早く水上に出します。

（腰掛けリハーサル）

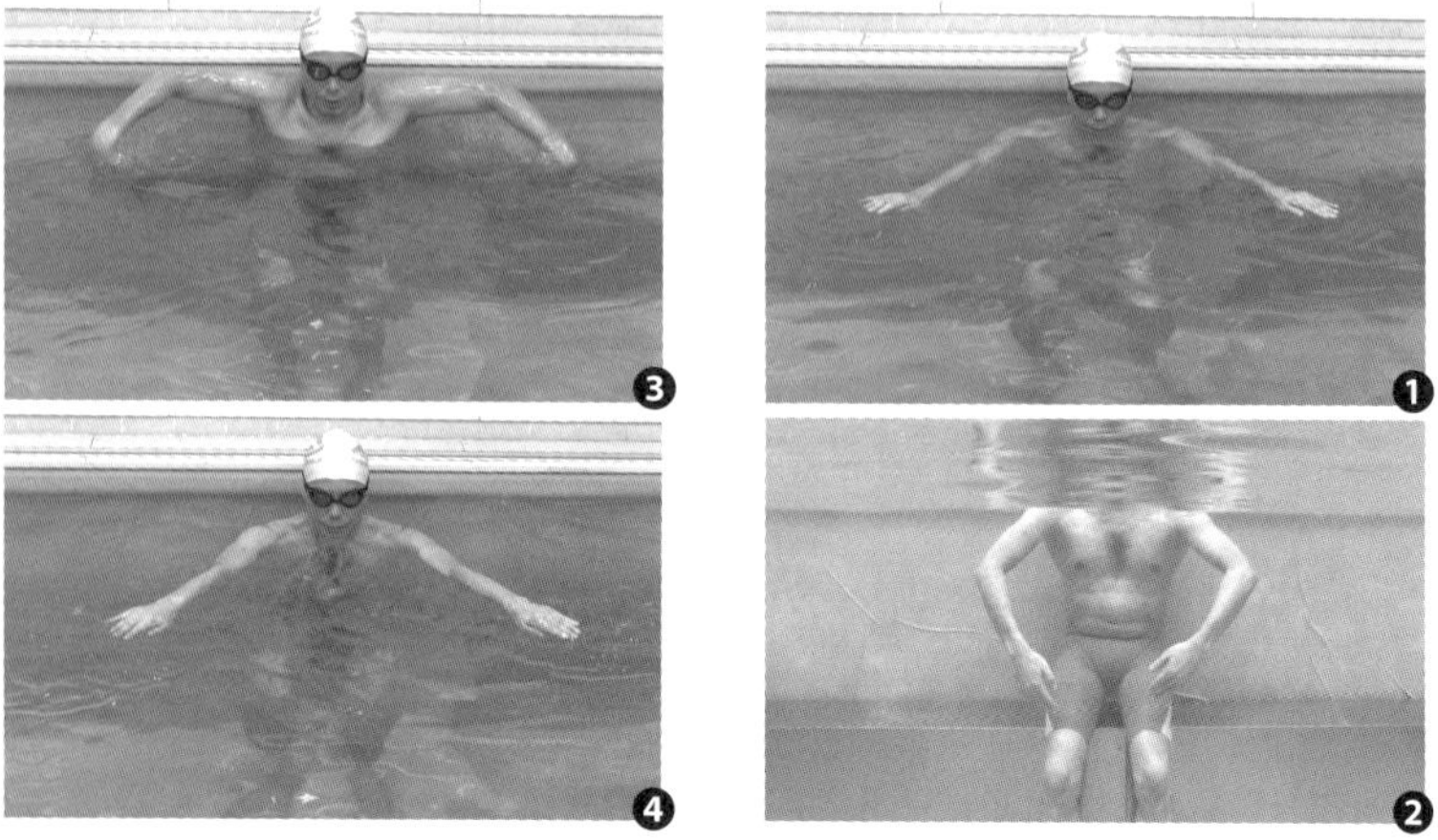

腰掛けリハーサル
https://eswim.club/videos/D41055c0f9.html

○目的

座った姿勢で手を動かすことで、手の動きだけでからだを浮かせられるようにします。

○動作ステップ

①（片手練習）肩が水面に来る程度の深さでベンチに腰掛けて、片手でからだを支えながら、もう片方の手で「手伸ばし」、「スカリング」、「スカリングからリカバリー」を行います。

②（両手練習）両手で「手伸ばし」、「スカリング」、「スカリングからリカバリー」を行います。

○チェックポイント

手を素早く下に動かすことで、からだが数センチメートル浮き上がって、沈むことを確かめます。片手で行うときは、手を支えにしてからだを持ち上げるようにすると、手の動きとからだの浮き上がりの関係がつかみやすくなります。

（立位ボビング）

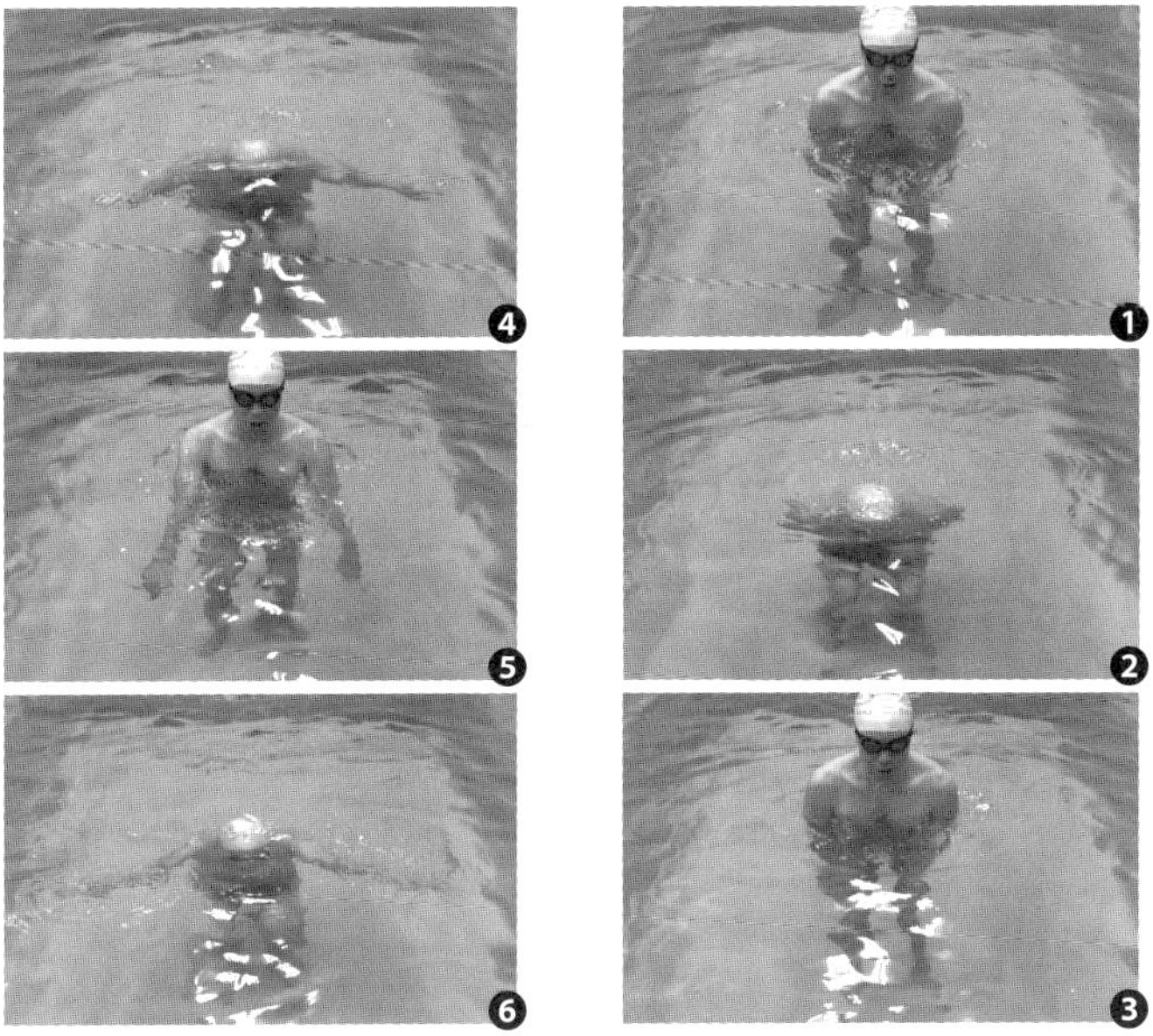

○目的

手の動かし方を順番に行うことで、上体を上げる動きまでスムーズにつなげます。

○動作概要

上体を上げるための手の動かし方を、手を伸ばした状態、スカリング、リカバリーを加えたスカリングと順番に行います。

○動作ステップ

①両手を垂らして立った姿勢から、ひざを曲げてしゃがんで、また立つ動作を繰り返します。

②手をY姿勢の位置に広げて水面のすぐ下に伸ばしてしゃがんだら、手を伸ばしたまま水を下に押すことで立ち上がる動作を繰り返します。

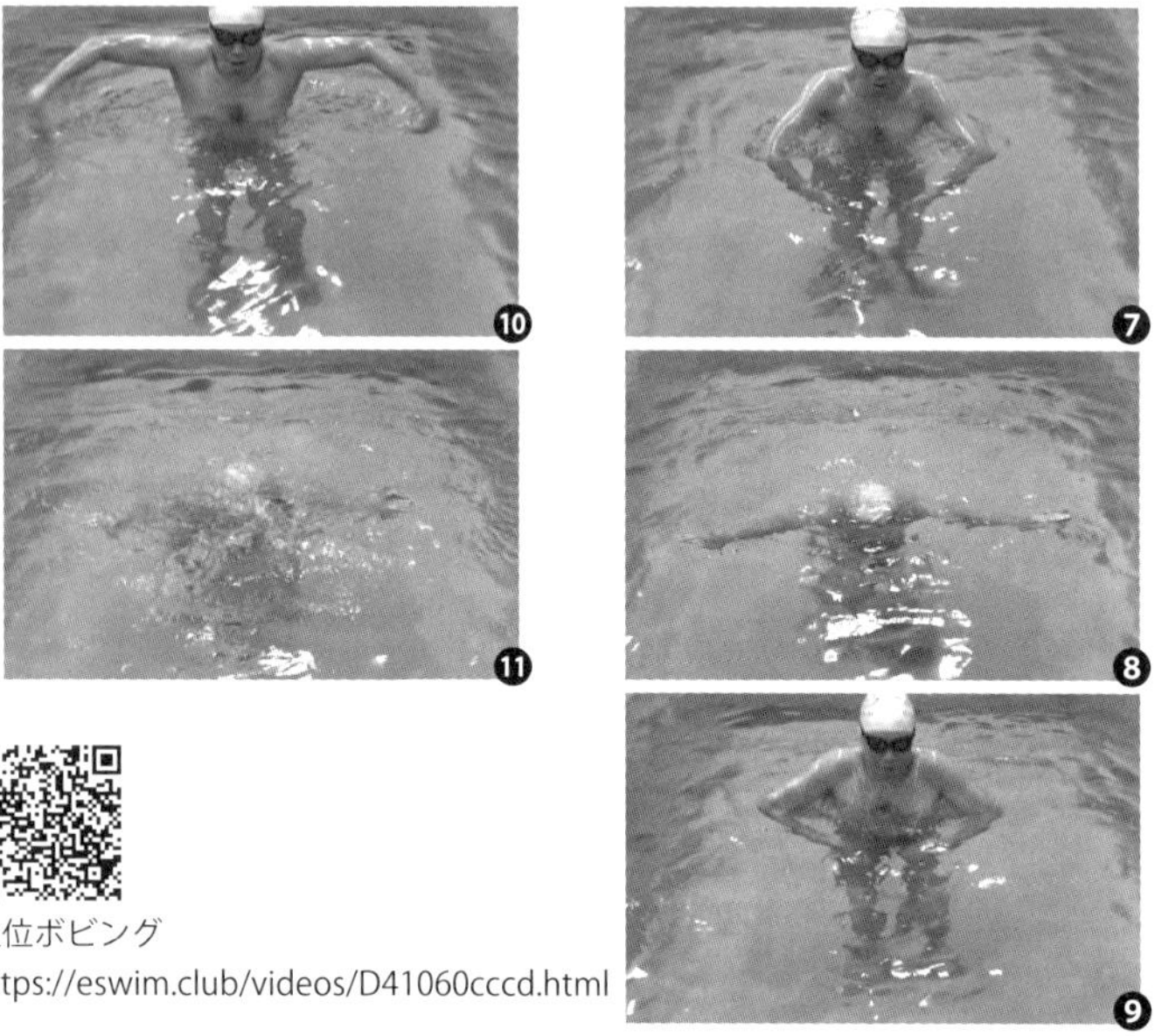

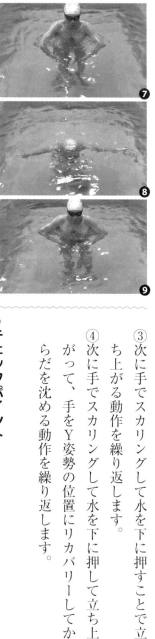

立位ボビング
https://eswim.club/videos/D41060cccd.html

③次に手でスカリングして水を下に押すことで立ち上がる動作を繰り返します。

④次に手でスカリングして水を下に押して立ち上がって、手をY姿勢の位置にリカバリーしてからだを沈める動作を繰り返します。

○チェックポイント

水面から頭一つ分からだを沈めます。沈んだときは手を水面近くに伸ばすことで、下に動かす距離を長くします。

ひざを伸ばしたり床を押したりして上体を上げます。

スカリングでは手の動きに合わせて上体をゆっくり上げて、リカバリーでは頭を素早く沈めます。

〈腰掛けボビング〉

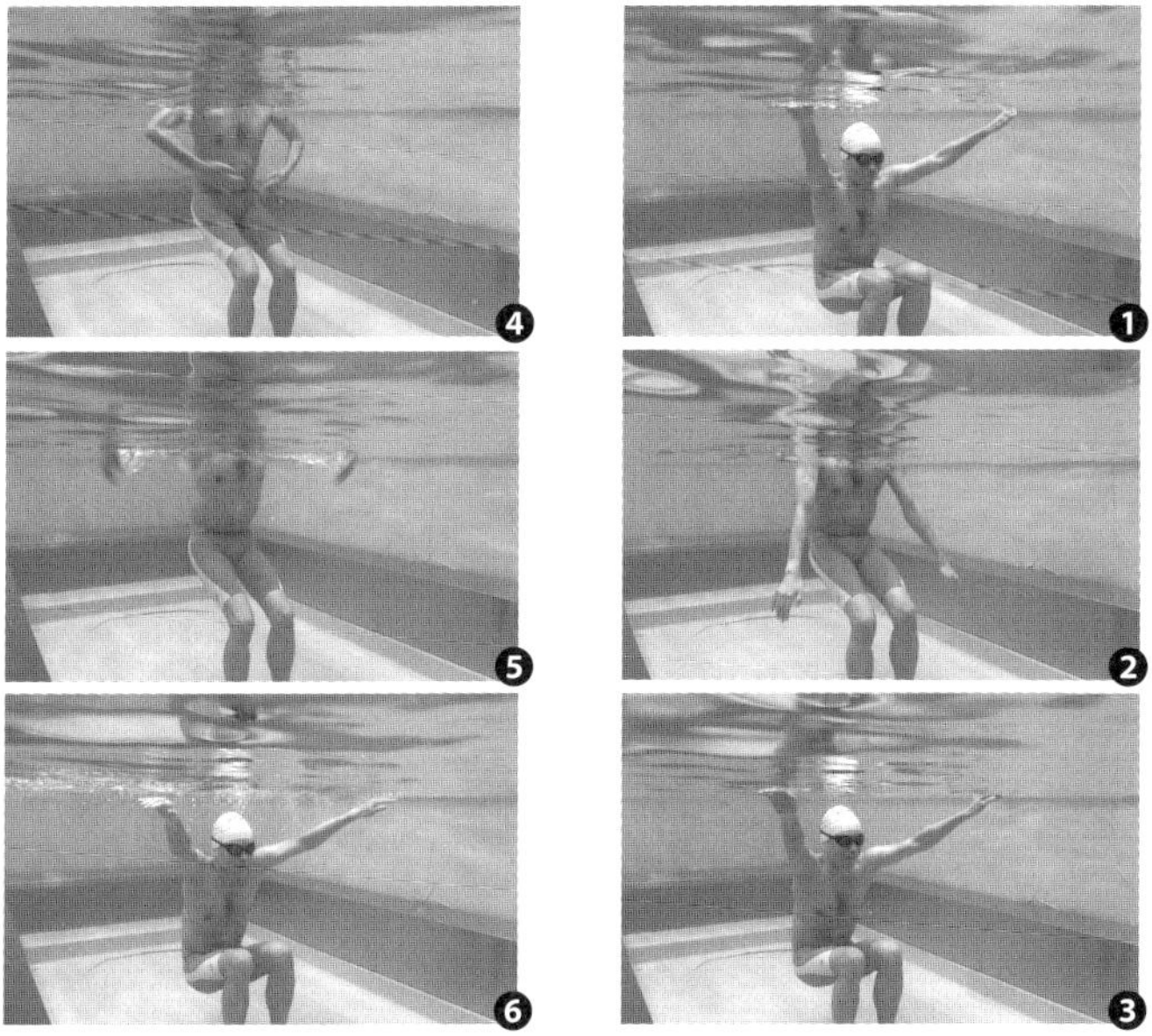

○目的

重心を後ろに下げることで、ひざの曲げ伸ばしの影響を弱めて、手で水を下に押すことで上体を上げます。

○動作概要

腰掛け姿勢で重心を後ろに下げてから、手の動かし方を順番に行って上体を上げます。

○動作ステップ

①手をY姿勢の位置に広げて水面のすぐ下に伸ばして腰掛け姿勢を作ったら、手を伸ばしたまま水を下に押すことで上体を上げる動作を繰り返します。

②次に手でスカリングして水を下に押すことで上体を上げる動作を繰り返します。

③次に手でスカリングして水を下に押して上体を

上げて、手をY姿勢の位置にリカバリーしてからだを沈める動作を繰り返します。

腰掛けボビング
https://eswim.club/videos/D41070c58f.html

○チェックポイント

足を使って上体を上げる割合を減らして、手の力だけで上体を上げます。

水没するときは、手を水面近くにとどめて頭を十分に沈めることで、手を動かす距離を伸ばします。

（足のスライド）

○目的

腰掛け姿勢から足をスライドすることで、うつ伏せの姿勢でボビングができるように準備します。

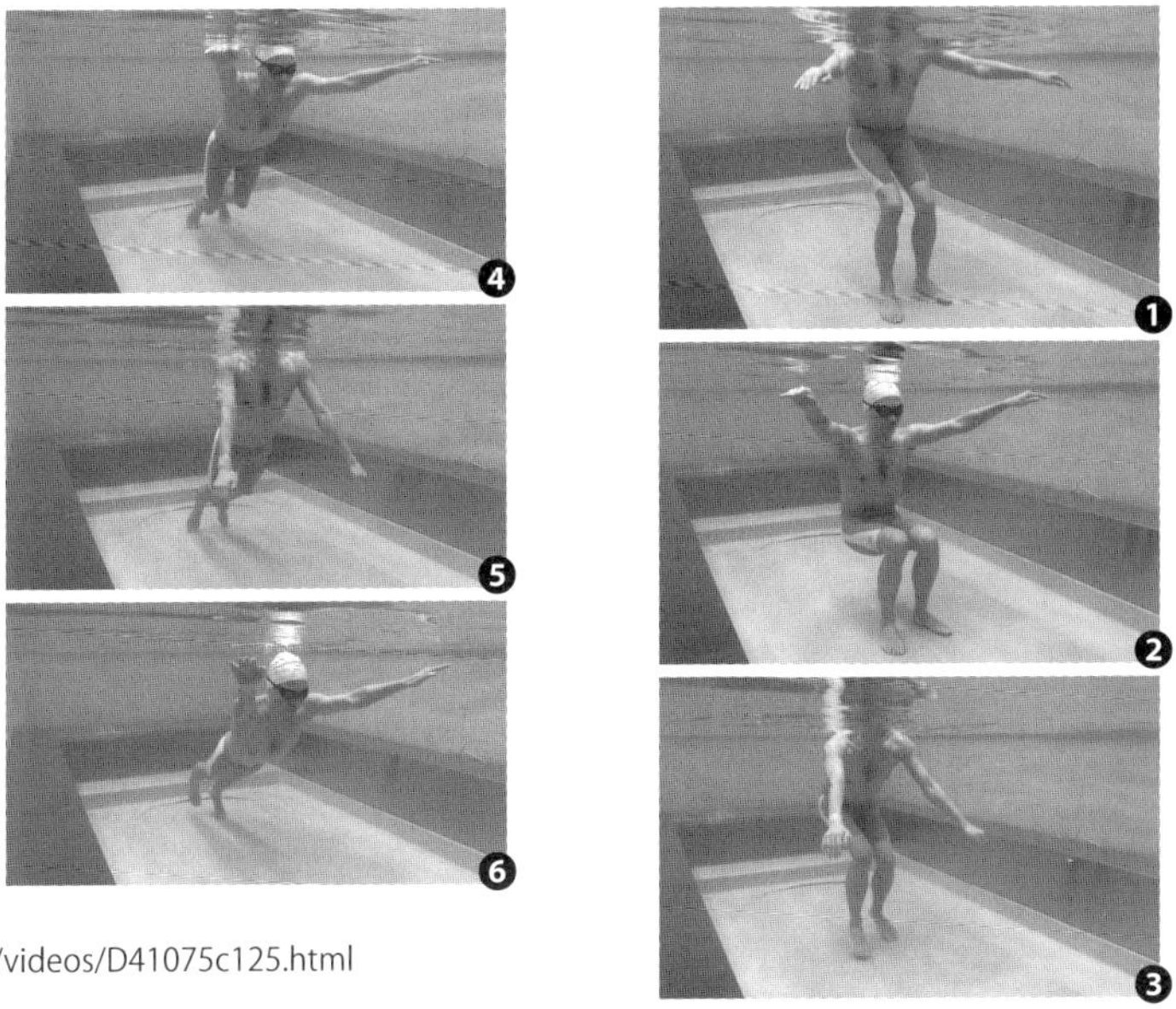

足のスライド
https://eswim.club/videos/D41075c125.html

○動作概要

腰掛け姿勢で水を下に押す動きをしながら、足を後ろに動かしてうつ伏せ姿勢を作ります。

○動作ステップ

①腰掛け姿勢で手をY姿勢の位置に広げて水面のすぐ下に伸ばしたら、手を伸ばしたまま水を下に押しながら上体を上げる動作を繰り返します。

②上体が上がったときに足を後ろにスライドしてうつ伏せになり、手で水を下に押す動作を続けます。

○チェックポイント

足の力を使わずに手を上下動させることで、からだが浮き沈みできるようにします。

手で水を下に押したときは、息継ぎが必ずできるようにします。

（うつ伏せボビング）

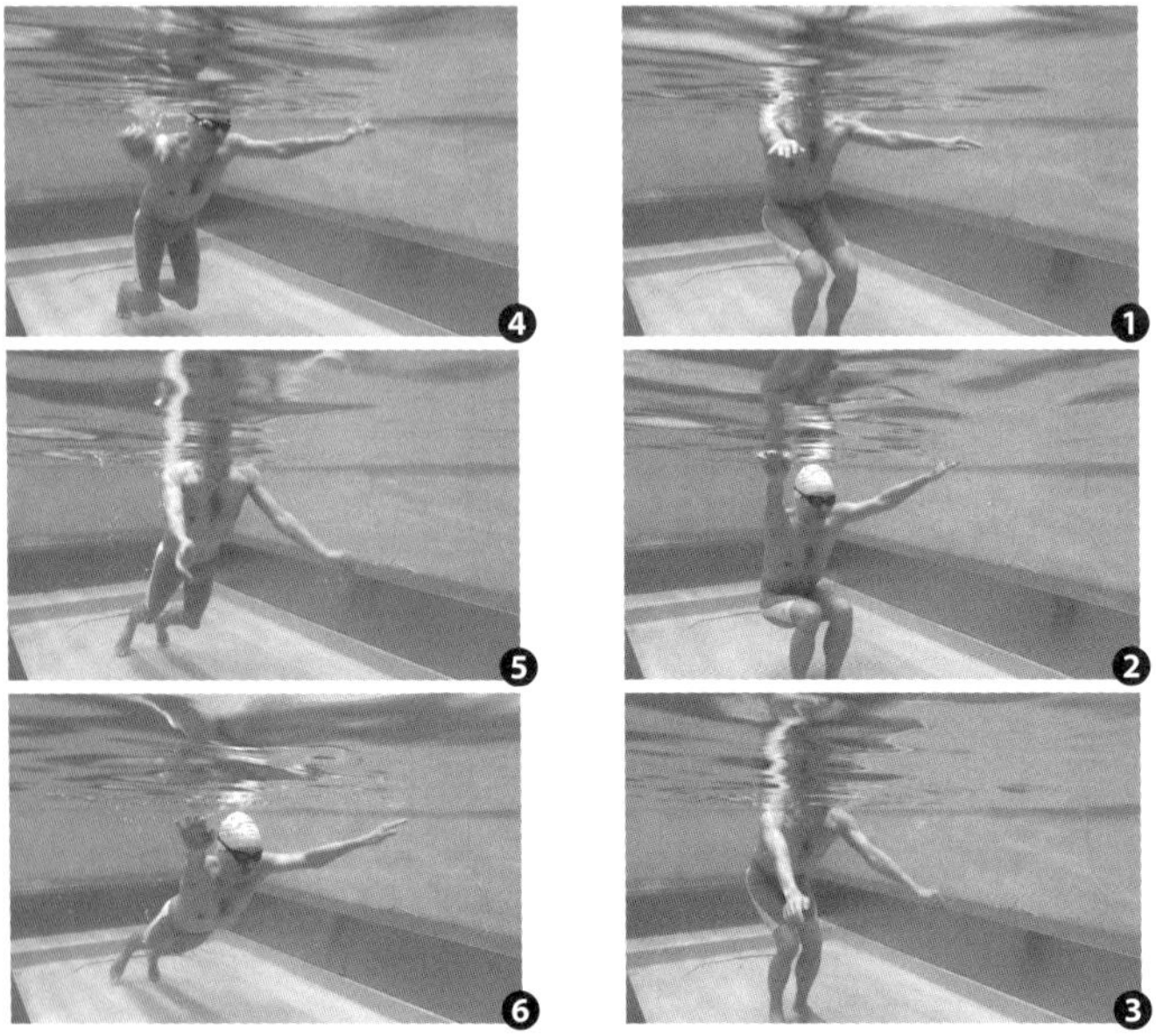

○目的

うつ伏せの姿勢で、手の動かし方を順番に行って上体を上げて息継ぎをします。

○動作概要

腰掛け姿勢から足をスライドして、うつ伏せの姿勢で３種類の手の動かし方でボビングして息継ぎします。

○動作ステップ

①手をＹ姿勢の位置に広げて水面のすぐ下に伸ばして腰掛け姿勢を作ったら、手を伸ばしたまま水を下に押すことで上体を上げて息継ぎをする動作を繰り返します。

②上体が上がったときに足を後ろにスライドしてうつ伏せになり、手で水を下に押す動作を続けます。

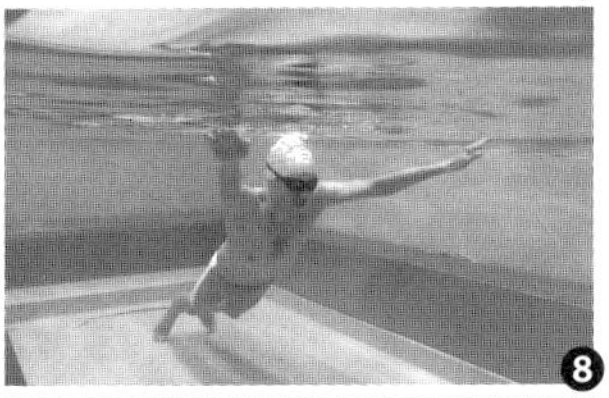

うつ伏せボビング
https://eswim.club/videos/D41080c4c4.html

③次にスカリングして水を下に押すことで上体を上げて息継ぎをしてから、手をY姿勢の位置に戻して沈む動作を繰り返します。

④次にスカリングして息継ぎをしたら、手をY姿勢の位置にリカバリーして沈む動作を繰り返します。

○チェックポイント

毎回上体を上げたときには息継ぎができるようにします。

頭を出して息継ぎするために、水面から頭一つ分からだを沈めます。

手を水面近くに伸ばすことで、下に動かして水を押す距離を長くします。

連続息継ぎ（足着き）

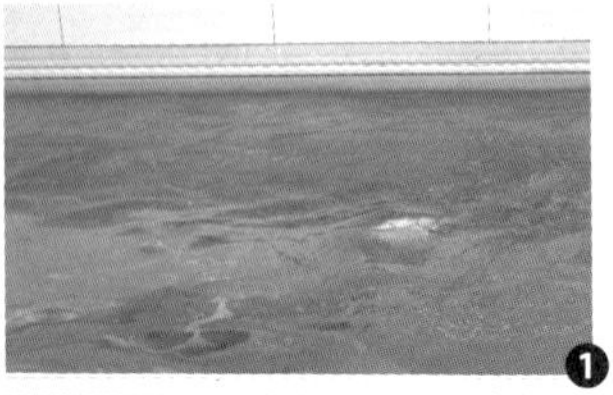
❶

❷

❸

❹

❺

連続息継ぎ（足着き）
https://eswim.club/videos/D41090c5f9.html

○目的

息継ぎをラクに行うために、からだの浮き上がりに合わせてスカリングで上体を上げて、リカバリーで沈みます。

○動作概要

足を床に着けたまま、スカリングで息継ぎをしてからリカバリーしてＹ姿勢の位置に着水する動作を繰り返します。

○動作ステップ

①足を床に着けたＹ姿勢から、スカリングして息継ぎします。
②リカバリーして沈みながらＹ姿勢で着水します。
③スカリングによる息継ぎとリカバリーの動作を繰り返します。

○**チェックポイント**

前に進まないように、スカリングは水を押し下げて顔を出す動きに集中します。

リカバリーしながら肩を沈めて上腕から着水します。

ゆっくり浮き上がって、素早く沈みます。

（両手前グライド）

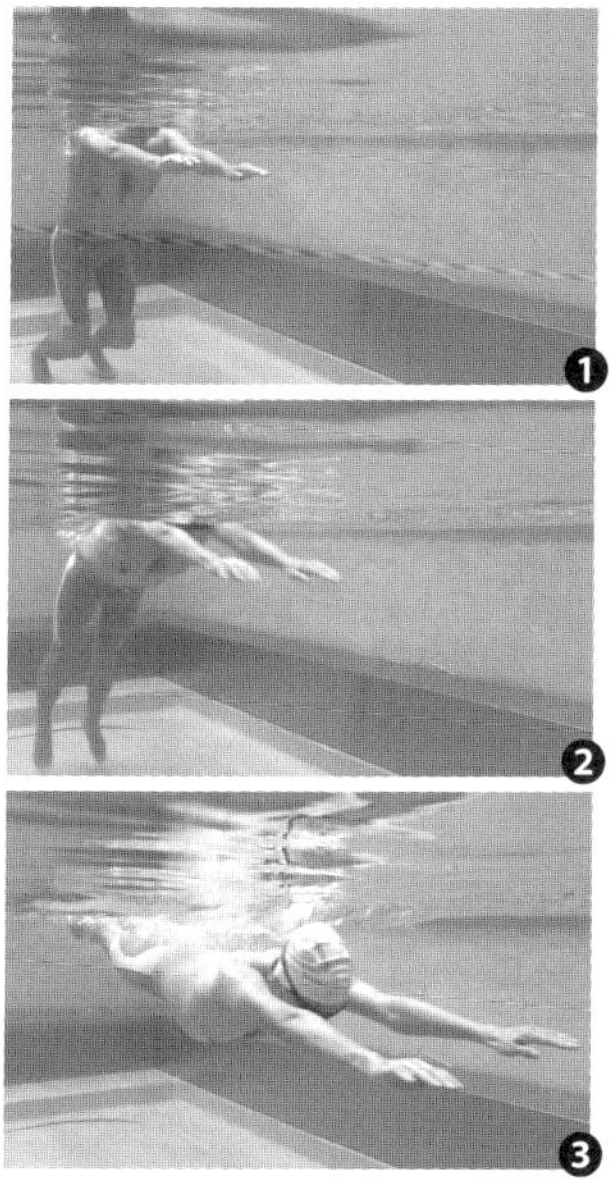

○**目的**

グライド姿勢を作ります。

○**動作概要**

両手を前に伸ばしてグライドします。

○**動作ステップ**

①両手を肩幅よりも手のひら一つ分広げて、手首

から先を水中に入れます。
②倒れながら床を蹴ってグライドします。

○**チェックポイント**

肘とわきの下を伸ばしながら前に倒れます。
肘を伸ばして手を支えにしながら、体重を前にかけます。
足を閉じます。

両手前グライド
https://eswim.club/videos/D41110c763.html

（キックでダイブ）

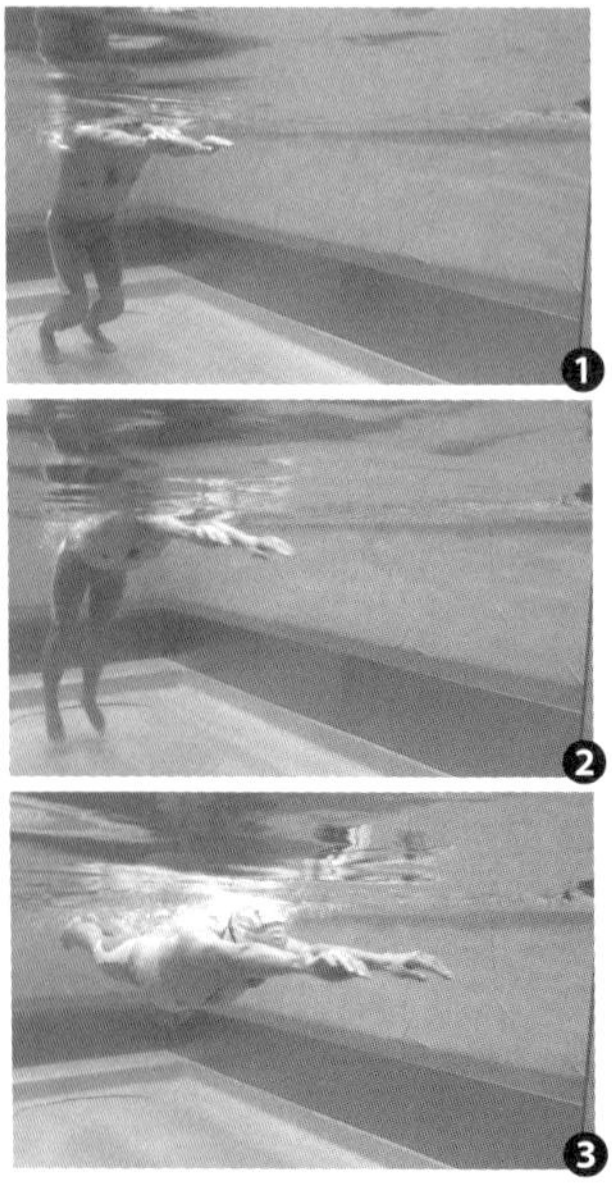

○**目的**

ラクラク・バタフライの推進力である、キックで滑る動きを行います。

○**動作概要**

両手前グライドから、キックで体重を前にかけてY姿勢を作ります。

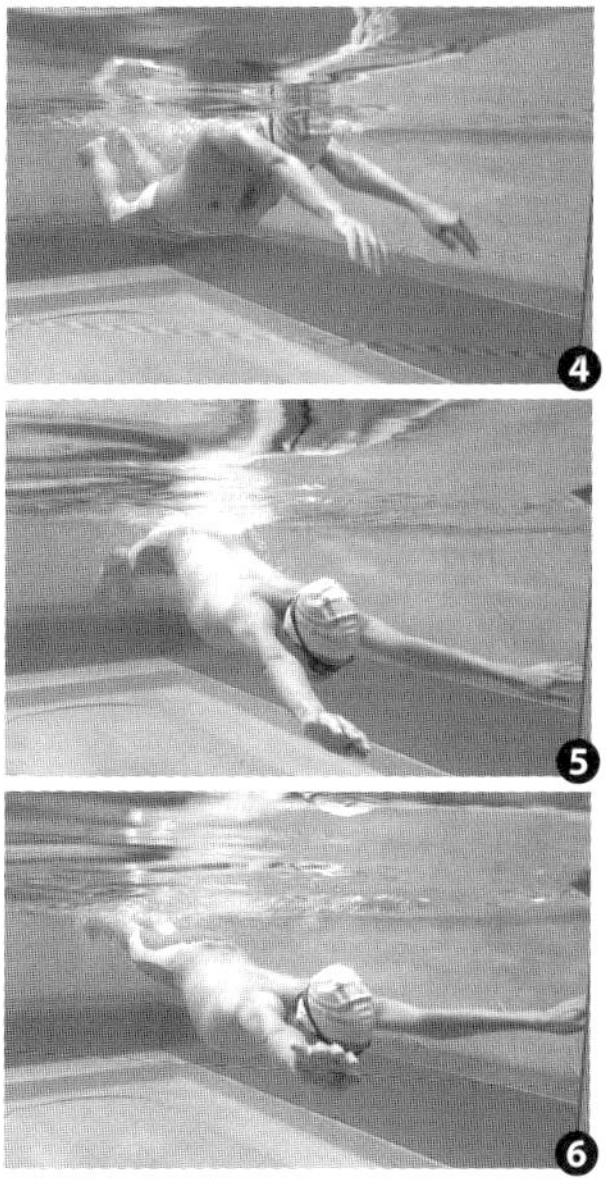

キックでダイブ
https://eswim.club/videos/D41120c9cd.html

○動作ステップ

①両手前グライドでスタートして、伸ばす手の方向を水面から30度下げてＩ姿勢を作りながら、ひざをゆるめます。

②ひざの裏を素早く伸ばしてキックをしながら、腰の位置を上げて上体を下げます。

③足を水面近くまで引き上げながら、顔を斜め前に向けて体重を前にかけてＹ姿勢を作ります。

○チェックポイント

かかとを上げるのではなく、ひざをゆるめることでかかとの位置が高くなるようにします。

足で水を押し下げることで、腰を浮かせます。

足を引き上げるときの水の抵抗を支えにして、顔と上体を斜め前に向けます。

背中を丸めてＩ姿勢を作ったら、背中を伸ばしてＹ姿勢にします。

連続息継ぎ（Y着水）

○目的

ラクに息継ぎができる、手やからだの動きを作ります。

○動作概要

足を浮かせたまま、リカバリーでY姿勢の位置に手を着水することで連続して息継ぎを行います。

○動作ステップ

①両手を前に伸ばして床を蹴ったら、体重を前にかけてY姿勢を作ります。

②手を伸ばしたまま水を押し下げて、頭を水上に出して息継ぎをしたら、頭を沈めて手をY姿勢の位置に戻します。

③次にスカリングして息継ぎをしたら、リカバリーしてY姿勢の位置に手を着水します。この動作を繰り返します。

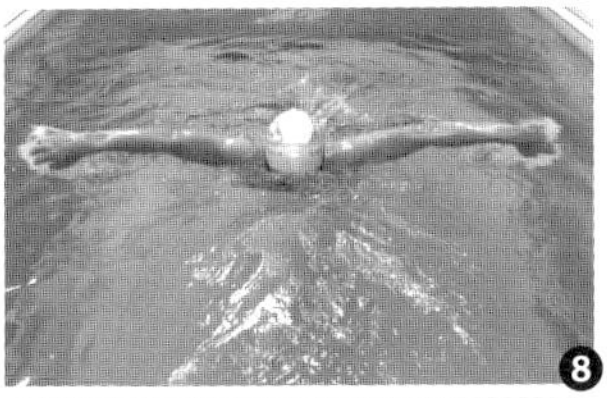

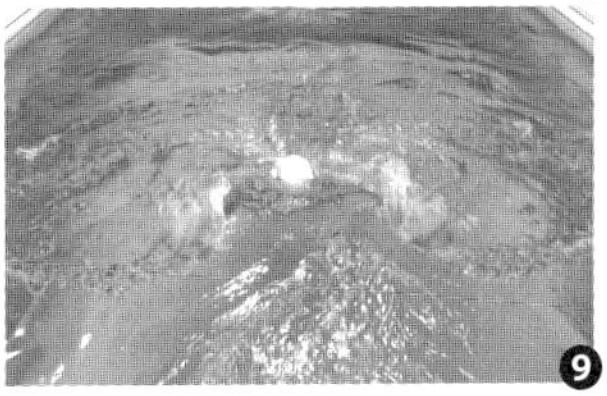

連続息継ぎ（Y着水）
https://eswim.club/videos/D41210c05a.html

○**チェックポイント**

足が床から離れているようにします。

最初に一回手を伸ばしたまま水を下に押すことで、頭を十分に持ち上げて息継ぎをしてから頭を沈めます。

前に進むことを考えずに、手の動きで頭を水上に出します。

動作に慣れて毎回ラクに息継ぎができるようになったら、水を押す方向を下向きから後ろ向きに次第に変えて、からだを前に動かします。

（立位エントリーリハーサル）

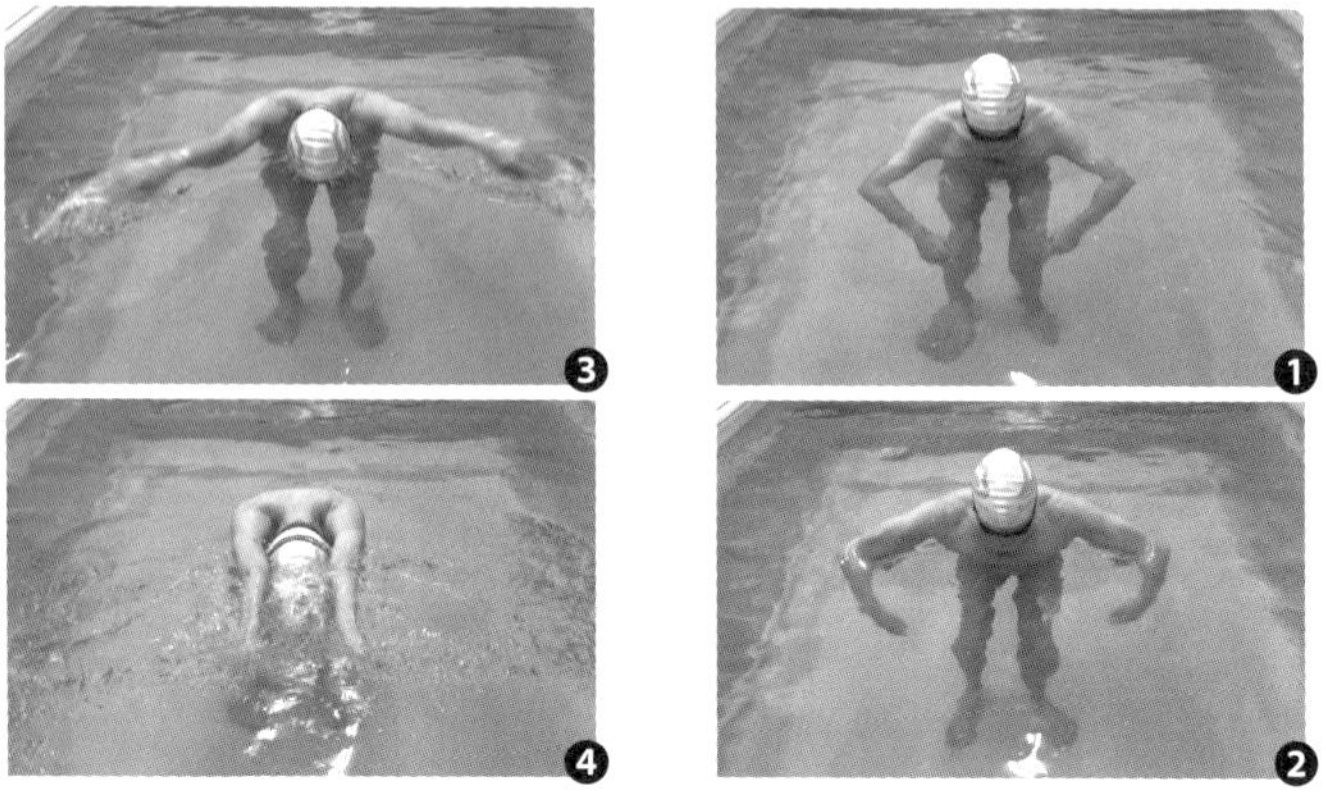

立位エントリーリハーサル
https://eswim.club/videos/D41220ca98.html

○目的

水中のスカリングポイントから手を動かして、手をＩ姿勢の位置に着水します。

○動作ステップ

①（片手練習）スカリングポイントから、3時の方向に肘を素早く伸ばしながら手を水から抜いて、あごを引きながらＩ姿勢で水面上の1時の位置に置きます。

②（両手練習）スカリングポイントから、同様に肘を素早く伸ばしながら手を水上に出して、あごを引きながらＩ姿勢で水面上の1時と11時の位置に置きます。

○チェックポイント

指先から入水するのではなく、指先が最後に着水するようにして水しぶきを最小限にします。

体重を前にかけて、わきの下を伸ばしながら手の位置を前に置きます。

立位ストロークリハーサル（I着水）

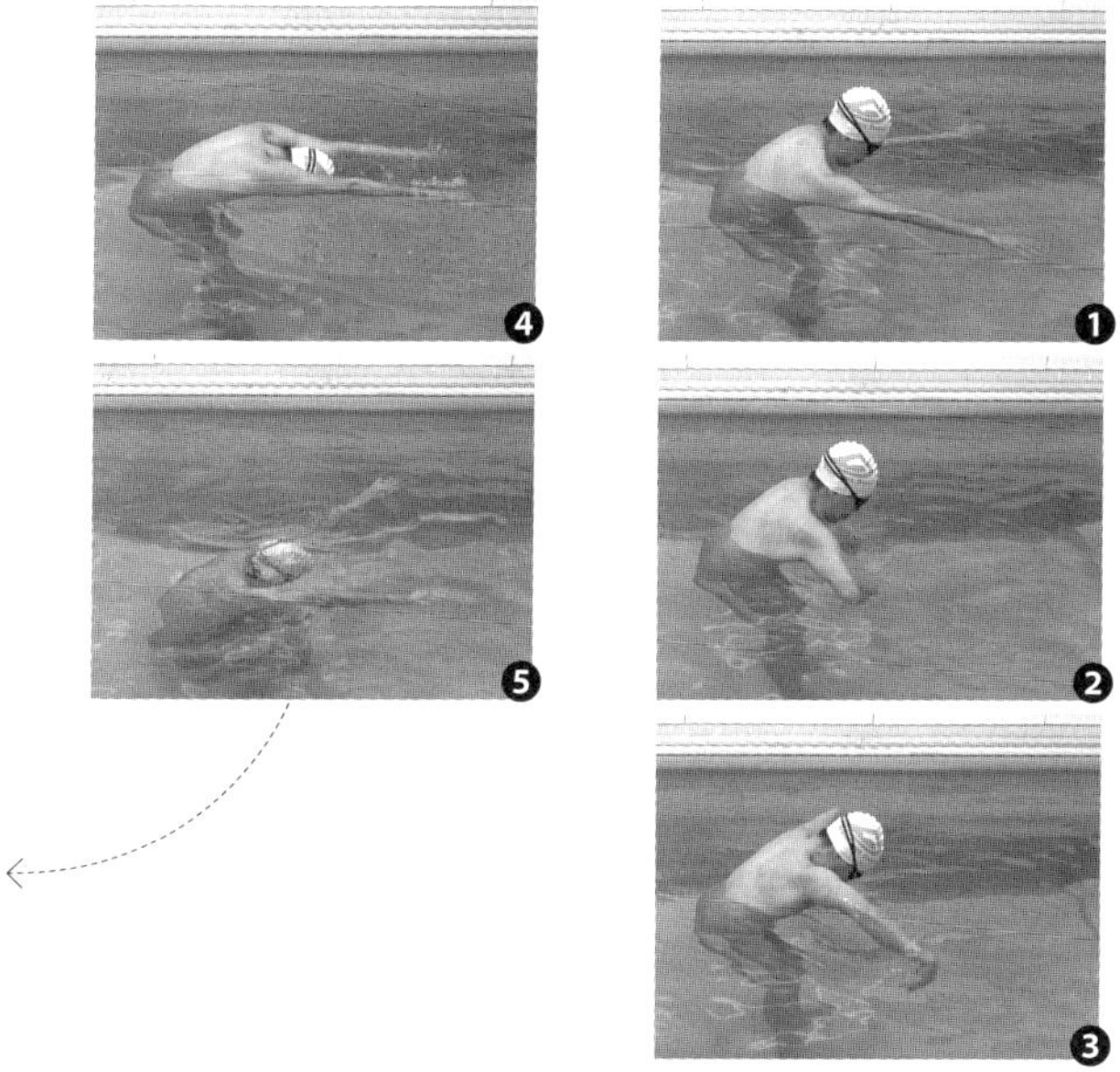

○**目的**

Y姿勢の位置から手をスカリングして、手を水上に出したらリカバリーしてI姿勢の位置に着水します。

○**動作ステップ**

①（片手練習）片手をY姿勢の位置に伸ばして、スカリングしたらリカバリーして、あごを引きながらI姿勢で水面上の1時の位置に置きます。

②（両手練習）両手をY姿勢の位置に伸ばして、スカリングしたらリカバリーして、あごを引きながらI姿勢で水面上の1時と11時の位置に

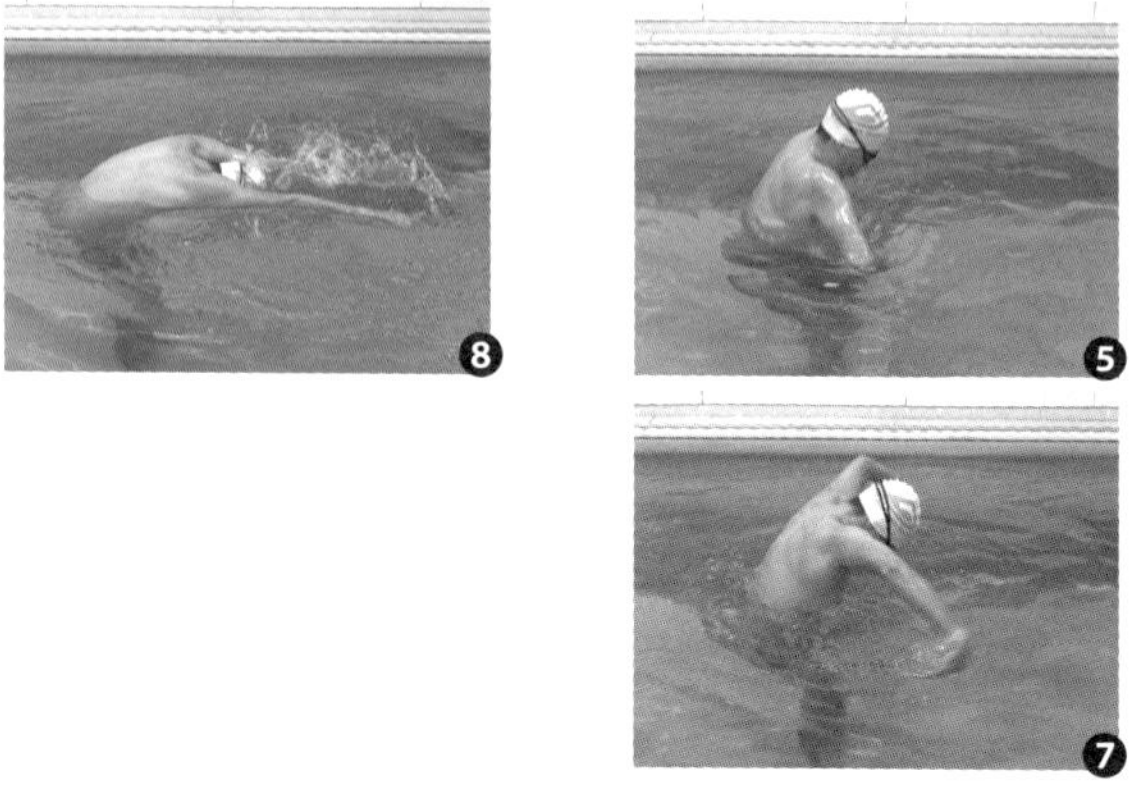

立位ストロークリハーサル
https://eswim.club/videos/D41230c15a.html

置きます。

③（ボビング練習）両手をY姿勢の位置に伸ばしながら頭を沈めて、スカリングしながら上体を上げて息継ぎをしたら、リカバリーしてあごを引きながらＩ姿勢で水面上の1時の位置に置きます。（図❺～❽）

○チェックポイント

水中のY姿勢で手のスカリングを始めて、水上のＩ姿勢で着水します。

Y姿勢では顔の向きを斜め前にしますが、あごを引いてリカバリーすることで手を着水するときは下を向きます。

（連続息継ぎからエントリー）

○目的

連続息継ぎでからだの浮き沈みのリズムを作っ

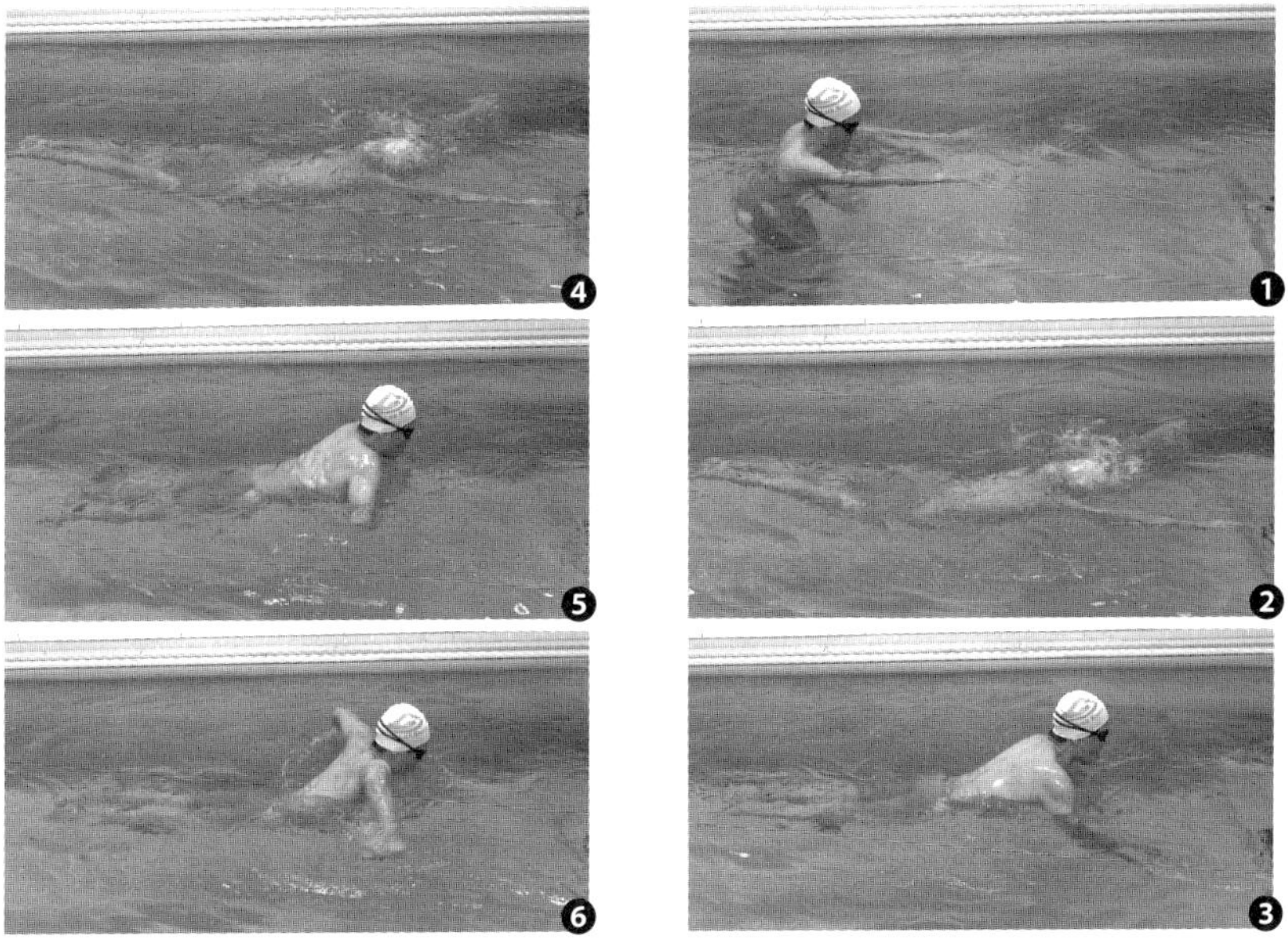

てから、リカバリーした手をI姿勢の位置に着水します。

○動作概要

床を蹴ってリカバリーでY姿勢の位置に手を着水する動作を2回繰り返してから、3回目にI姿勢の位置に着水します。

○動作ステップ

①両手を前に伸ばして床を蹴ったら、体重を前にかけてY姿勢を作ります。

②手を伸ばしたまま水を押し下げて頭を水上に出して息継ぎをしたら、頭を沈めて手をY姿勢の位置に戻します。

③次にスカリングして息継ぎをしたら、リカバリーしてY姿勢の位置に手を着水します。この動作を2回繰り返します。

④次にスカリングして息継ぎをしたら、あごを引

連続息継ぎからエントリー
https://eswim.club/videos/D41235cf5a.html

きながらリカバリーして1時の位置に手を着水します。

○チェックポイント

最後はあごを引いてＩ姿勢の位置に手を着水します。

頭、肩、上腕、指先の順に着水します。

手に体重をかけずに着水します。

手を前に伸ばしながら着水することで、着水するときの水の抵抗を減らします。

（立位ダイブリハーサル）

○目的

Ｙ姿勢の位置から手をスカリングして、手を水上に出したらリカバリーしてＩ姿勢の位置に着水してから、キックの動きとともにＹ姿勢の位置に手を動かします。

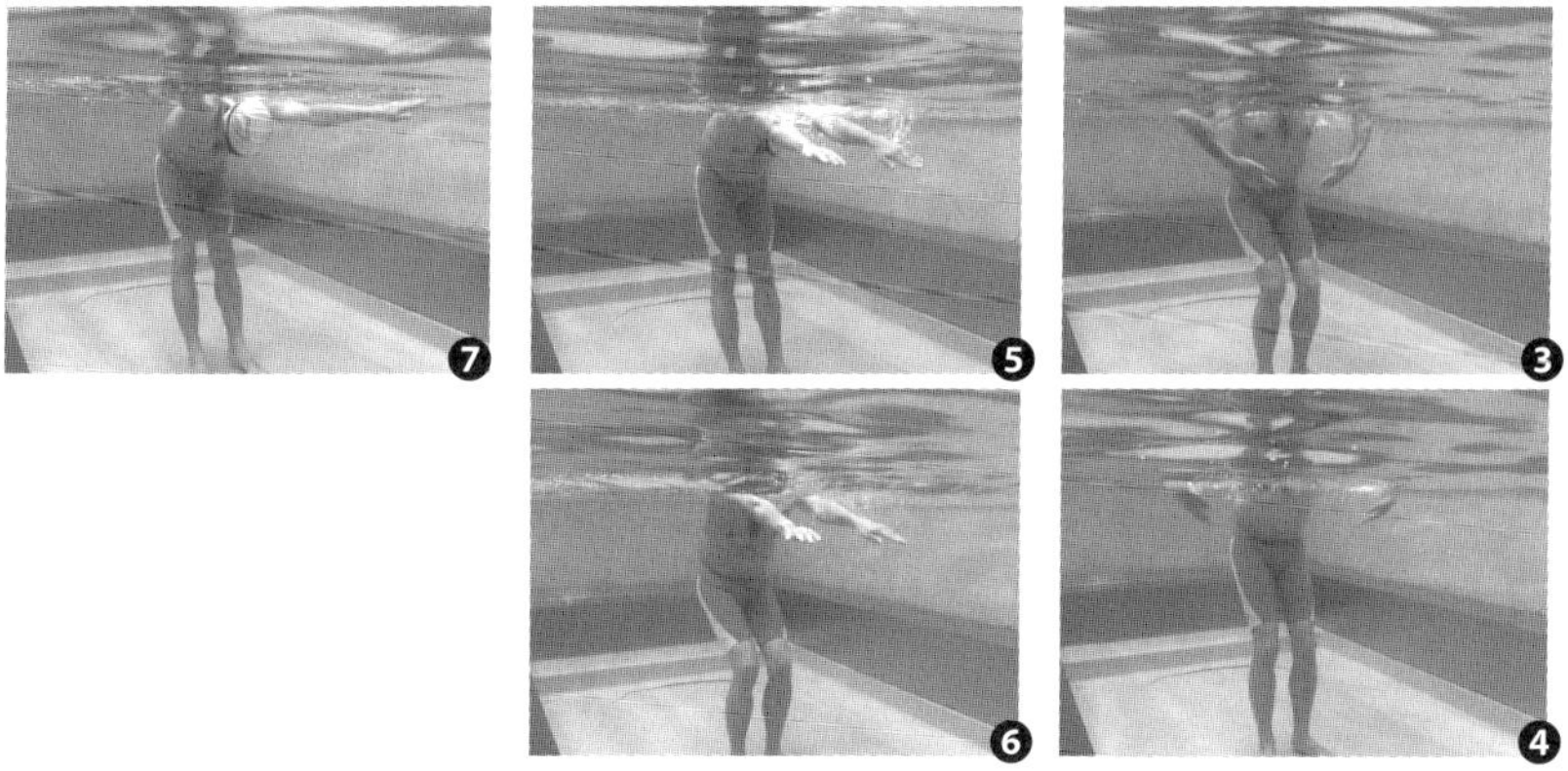

立位ダイブリハーサル
https://eswim.club/videos/D41240c52e.html

○動作ステップ

①（片手練習）片手をY姿勢の位置に伸ばして、スカリングしたらリカバリーして、あごを引きながらI姿勢で水面上の1時の位置に手を置いたら、ひざを曲げ伸ばしして手をY姿勢の位置に伸ばします。

②（両手練習）両手をY姿勢の位置に伸ばして、スカリングしたらリカバリーして、あごを引きながらI姿勢で水面上の1時の位置に手を置いたら、ひざを曲げ伸ばしして手をY姿勢の位置に伸ばします。

③（ボビング練習）両手をY姿勢の位置に伸ばしながら頭を沈めて、スカリングしながら上体を起こして息継ぎをしたら、リカバリーしてあごを引きながらI姿勢で水面上の1時の位置に手を置いて、ひざを曲げ伸ばしして手をY姿勢の位置に伸ばします。

（連続息継ぎからストローク1回）

○チェックポイント

手を着水してからひざを曲げて伸ばします。ひざを伸ばしながら両手をY姿勢の位置に広げて体重を前にかけます。

○目的

連続息継ぎでからだの浮き沈みのリズムを作ってから、リカバリーの手をＩ姿勢の位置に着水して、キックでY姿勢を作ります。

○動作概要

ストロークでY姿勢の位置に手を着水する動作を2回繰り返してから、3回目にＩ姿勢の位置に着水して、キックしてY姿勢を作ります。

○動作ステップ

①両手を前に伸ばして床を蹴ったら、体重を前に

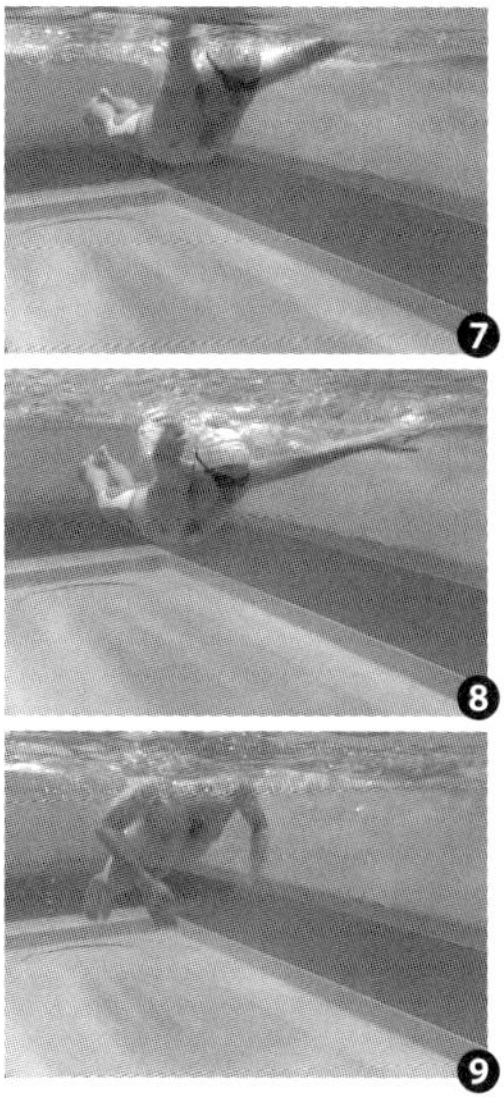

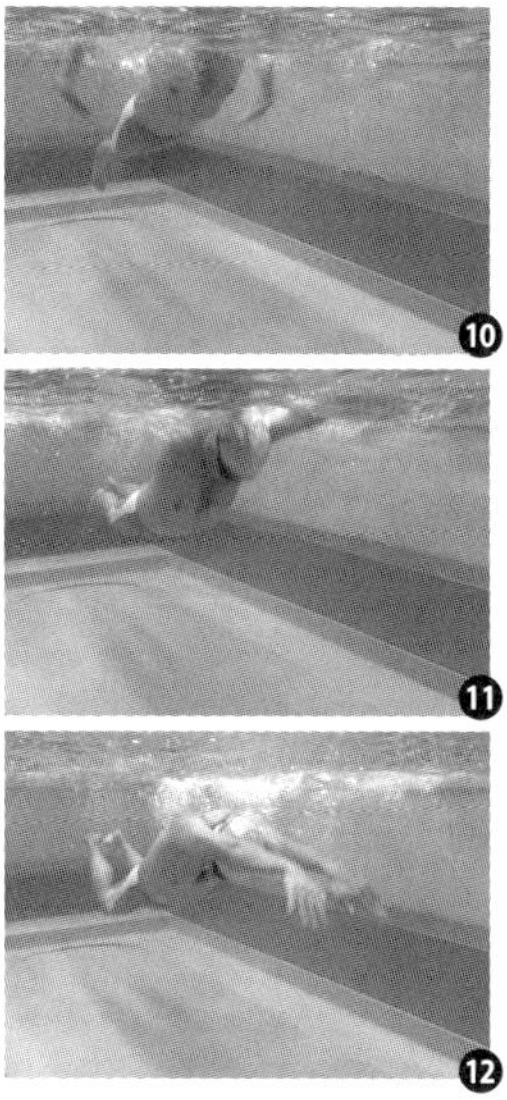

連続息継ぎから
ストローク１回
https://eswim.club/videos/D41250c463.html

かけてＹ姿勢を作ります。

②手を伸ばしたまま水を押し下げて頭を水上に出して息継ぎをしたら、頭を沈めて手をＹ姿勢の位置に戻します。

③次にスカリングして息継ぎをしたら、リカバリーしてＹ姿勢の位置に手を着水します。この動作を２回繰り返します。

④次にスカリングして息継ぎをしたら、あごを引きながらリカバリーして１時の位置に手を着水します。

⑤キックして上体を沈めながら両手をＹ姿勢の位置に伸ばします。

○チェックポイント

Ｉ姿勢の位置に手を着水してからキックします。下を向いたＩ姿勢から、足で水を押し下げることで腰の位置を上げて、足を持ち上げることで顔とからだの向きを斜め前に変えます。

（連続息継ぎからストローク2回）

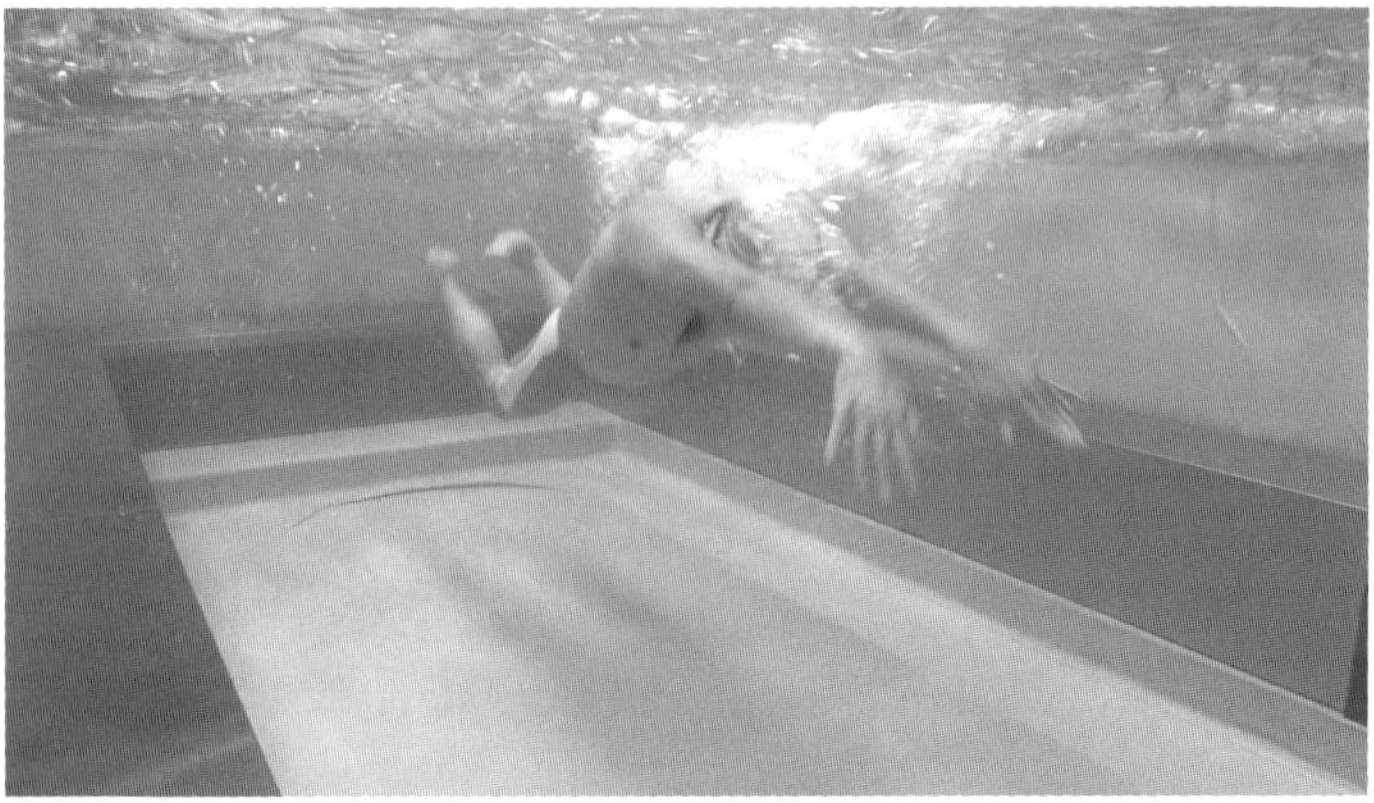

連続息継ぎからストローク２回
https://eswim.club/videos/D41260cacd.html

○目的

連続息継ぎでからだの浮き沈みのリズムを作ってから、ストロークとキックを２回続けます。

○動作概要

ストロークでＹ姿勢の位置に手を着水する動作を２回繰り返してから、Ｉ姿勢の位置に着水して、キックしてＹ姿勢を作る動作を２回繰り返します。

○動作ステップ

①両手を前に伸ばして床を蹴ったら、体重を前にかけてＹ姿勢を作ります。
②手を伸ばしたまま水を押し下げて頭を水上に出して息継ぎをしたら、頭を沈めて手をＹ姿勢の位置に戻します。
③次にスカリングして息継ぎをしたら、リカバリーしてＹ姿勢の位置に手を着水します。この

動作を2回繰り返します。
④次にスカリングして息継ぎをしたら、あごを引きながらリカバリーして1時の位置に手を着水します。
⑤キックして上体を沈めながら両手をY姿勢の位置に伸ばします。
⑥スカリングして息継ぎ、リカバリーして1時の位置に着水してからキックしてY姿勢を作ります。

○チェックポイント

Y姿勢の手の着水を2回繰り返してからだの浮き沈みのリズムを作ってから、I姿勢の手の着水とキックを2回繰り返します。

I姿勢の手の着水、キック、Y姿勢を作るまでを順番に行うことで、滑る時間を増やします。

（ラクラク・バタフライ完成形）

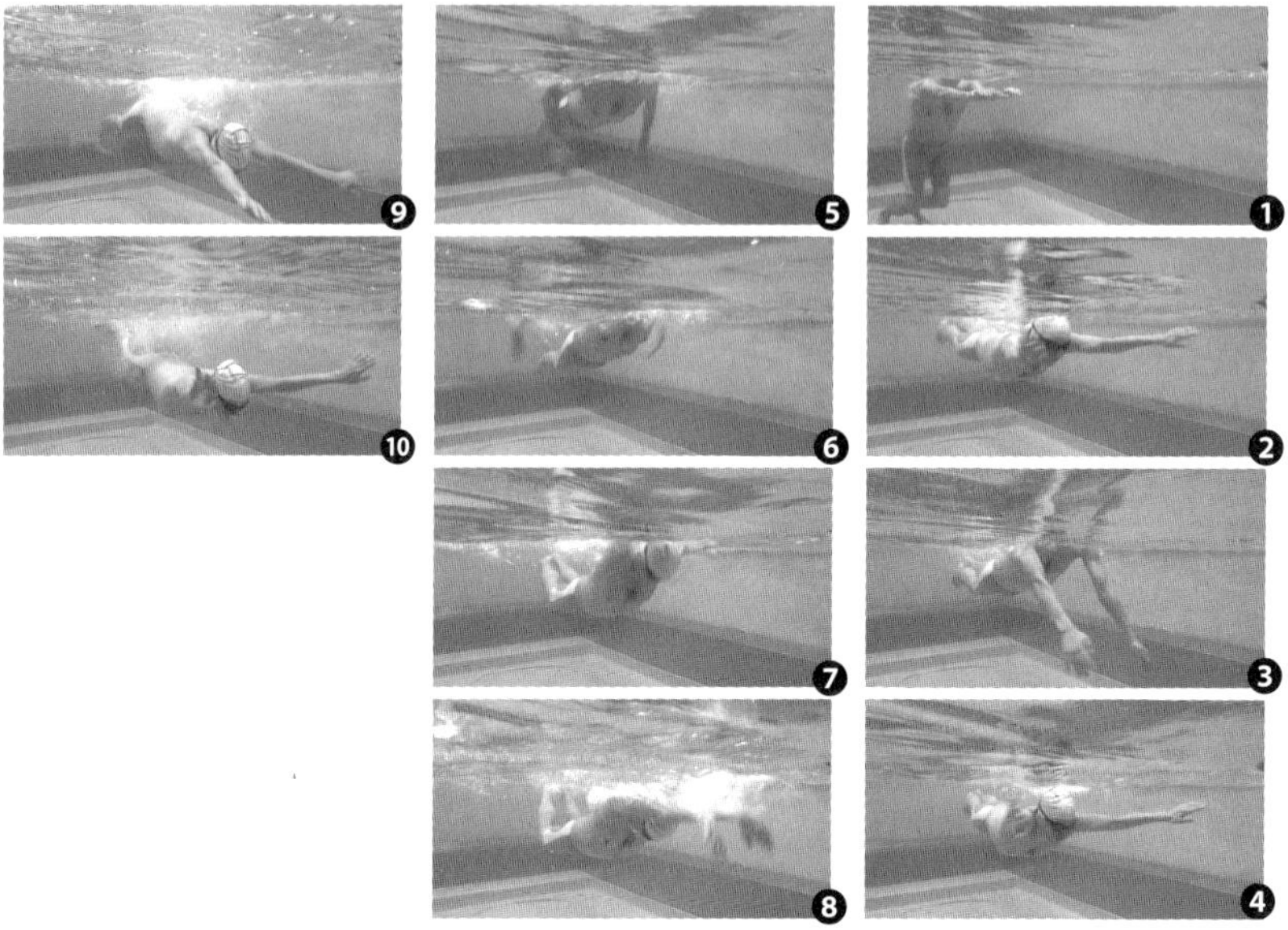

○**動作ステップ**

①（ボビングからのスタート）両手を前に伸ばして床を蹴り、体重を前にかけてY姿勢を作ったら、手を伸ばしたまま水を押し下げて息継ぎをしてからストロークを始めます。

②（ダイブからのスタート）両手を前に伸ばして床を蹴り、体重を前にかけてY姿勢を作ったらストロークを始めます。（図⓫～⓲）

○**チェックポイント**

ボビングからのスタートでは、手を伸ばしたまま水を押し下げて上体を上げることで、息継ぎの後に頭が頭一つ分の深さまで沈むようにします。

ダイブからのスタートで床を蹴ってY姿勢を作るときには、頭一つ分の深さまで上体を沈めてからストロークを始めます。

手の着水の勢いだけで滑る時間を作ります。

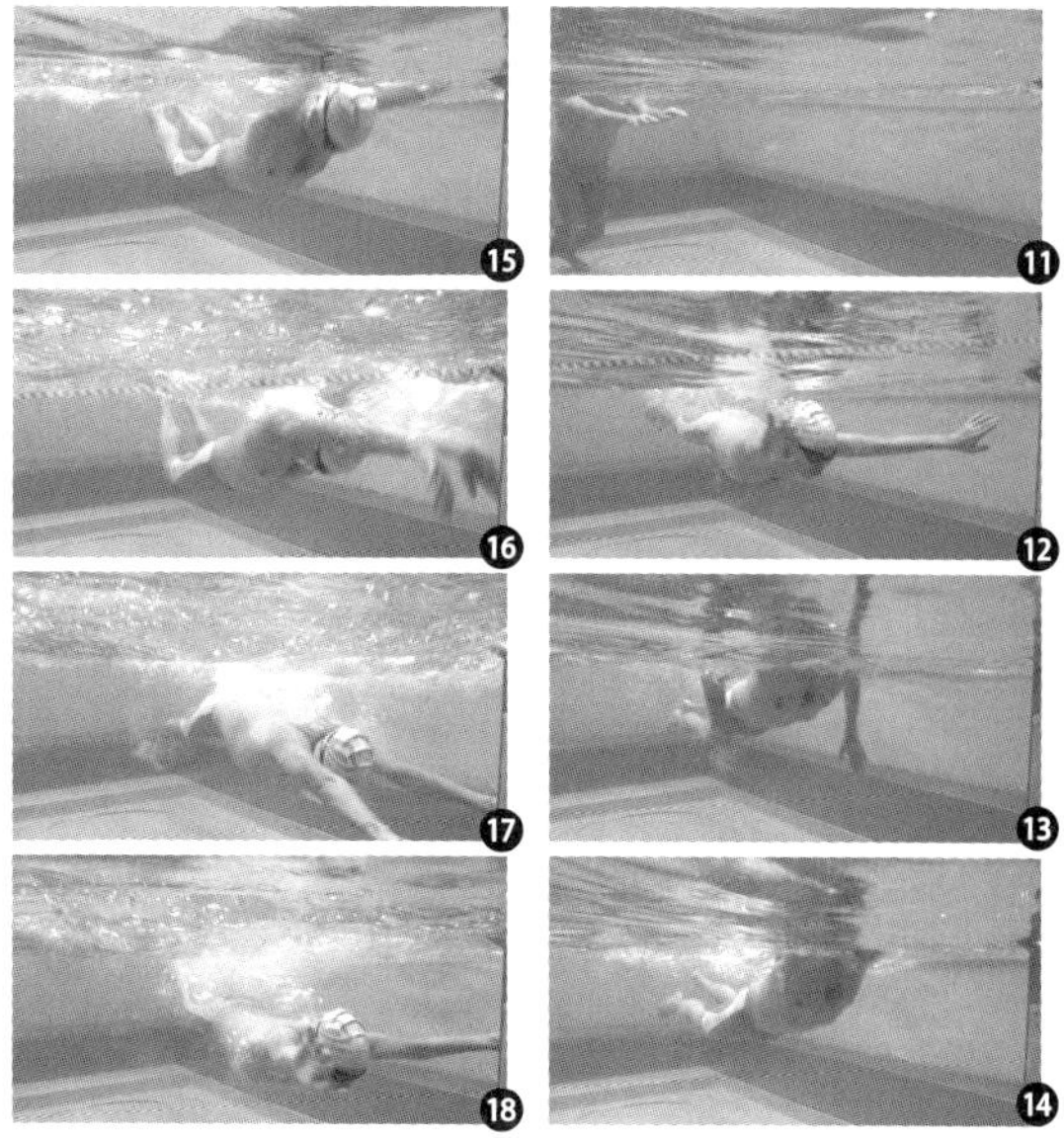

口を水上に出すための最小限のからだの上下動を決めます。

ラクラク・バタフライ完成形
https://eswim.club/videos/D41300cf8f.html

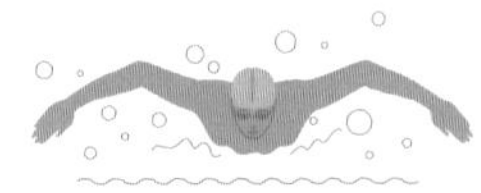

第4章 ロング・バタフライ

200～1500メートル以上をラクに泳ぐ

1 長く泳ぐための動作

長く泳ぐための推進力

長くラクに泳ぐために、次の2種類の推進力を使います。

○2ステップキックによるダイブ

足の「蹴り下げ」（ダウンキック）と「蹴り上げ」（アップキック）の2ステップに分けることで、滑る時間を延ばします。

○加速エントリー

からだの横で手を水上に出して、素早く前に運んで着水する勢いをキックの前に加えることで、ダイブするときのスピードを上げてより長く滑ります。

長く泳ぐための手の動かし方

スカリングを行って口を水上に出す点はラクラク・バタフライと同じですが、スカリングで水を後ろに押す意識を加えます。

からだの横で手を水上に出して、肘を伸ばしたまま勢いよく手を前に運んで着水します。

長く泳ぐための足の動かし方

足の蹴り下げで体重を下にかけて、蹴り上げで体重をかける向きを前に変えて滑ります。

長く泳ぐためのからだの動かし方

体重を前にかけて深くダイブすることで、滑る時間を延ばします。

2 長く泳ぐための学習ステップ

ダイブからの手の動き

床を蹴ってダイブした後に、浮き上がりに合わせて手を動かします。

からだを十分沈めることで、水の反動を使って息継ぎをしやすくします。

キックでダイブ

2ステップキックによるダイブで、より前に体重をかけて滑る時間を延ばします。

ミニフライ

からだの横で手を水上に出して前に運ぶ、「ミニフライ」の動きを学びます。

3 ロング・バタフライ　ドライランド練習

（ダイブからI姿勢）

○**動作ステップ**

①両手を肩幅で水平面から45度上に伸ばします。

②体重を前にかけて、Y姿勢の位置（時計の文字盤の2時と10時で水平面から45度）に手を伸ばします。

③上体を後傾しながら、両手の幅を狭めて両手をI姿勢の位置（時計の文字盤の1時と11時で水平面から60度）に動かします。

④動作を繰り返します。

ダイブからI姿勢
https://eswim.club/videos/R42510cccd.html

○**チェックポイント**

背中を丸めます。

手の位置を15センチメートル上げながら、両肩の幅に動かします。

（ダイブから水押し）

ダイブから水押し
https://eswim.club/videos/R42520c6f0.html

○動作ステップ

①両手を肩幅で水平面から45度上に伸ばします。

②体重を前にかけて、Y姿勢の位置（時計の文字盤の2時と10時で水平面から45度）に手を伸ばします。

③上体を後傾しながら、肘を伸ばしたまま手を50センチメートル下ろします。

④動作を繰り返します。

○チェックポイント

肘を伸ばしたまま手を下ろします。

手で水を下に押すことで、上体が上がることを再現します。

（ダイブからスカリング）

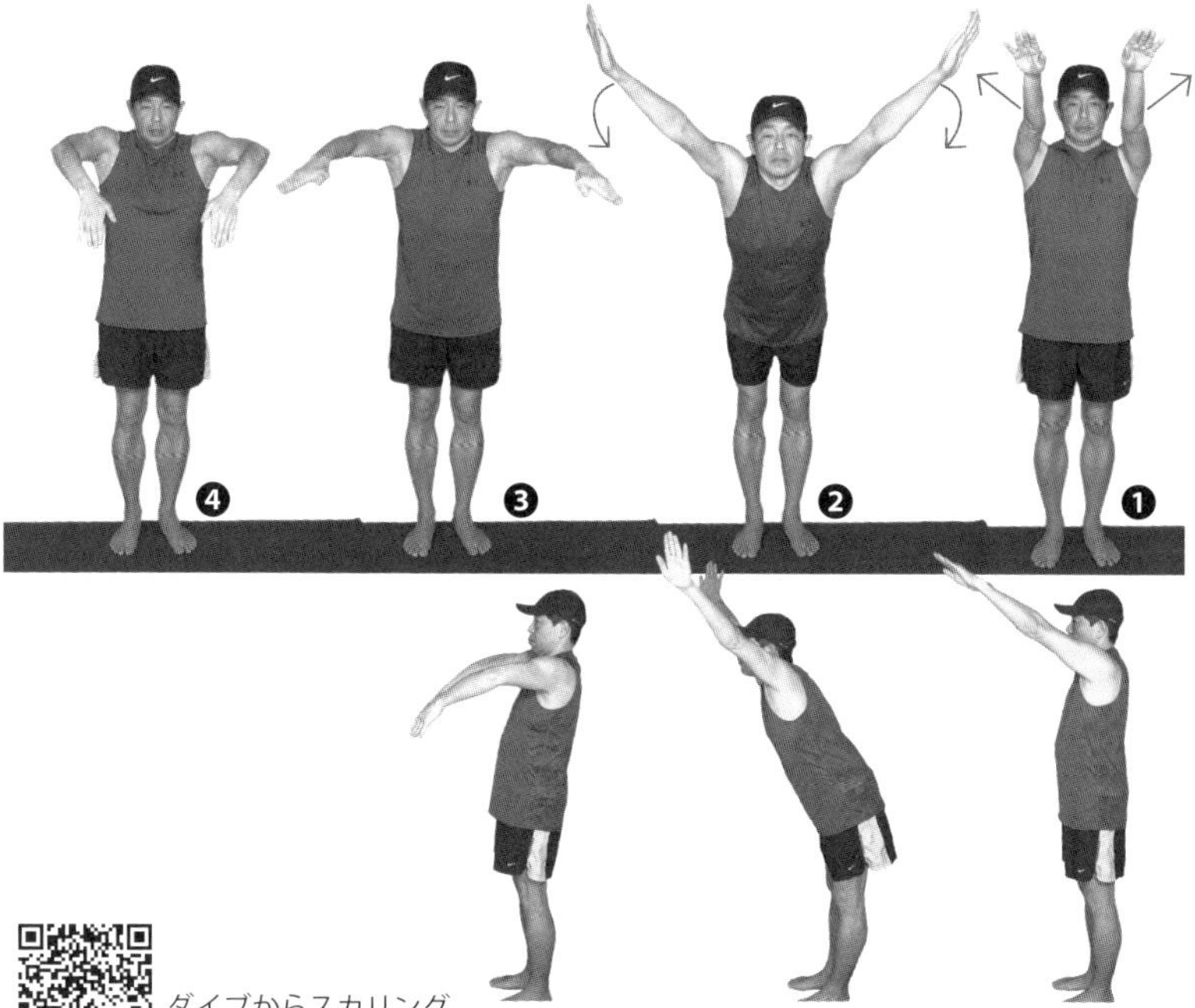

ダイブからスカリング
https://eswim.club/videos/R42530c725.html

○動作ステップ

①両手を肩幅で水平面から45度上に伸ばします。

②体重を前にかけて、Y姿勢の位置（時計の文字盤の2時と10時で水平面から45度）に手を伸ばします。

③上体を後傾しながら、肘を曲げてスカリングポイント（4時半と7時半）まで手を動かします。

④動作を繰り返します。

○チェックポイント

上腕を固定して、肘の位置を上げながら肘を曲げます。

スカリングポイントでは、両手がからだの幅以上に近づかないようにします。

加速エントリー（肩の横から）

加速エントリー（肩の横から）
https://eswim.club/videos/R42540c58f.html

○**動作ステップ**

①両手を横に伸ばします。
②あごを引きながらＩ姿勢の位置（1時と11時）に手を伸ばします。

○**チェックポイント**

肘を伸ばしたまま、腕全体を素早く上に運びます。
背中を丸めて両肩の幅を狭めます。
手を上に伸ばしたときに、両手が肩幅より近づかないようにします。

（ダイブから1ストローク）

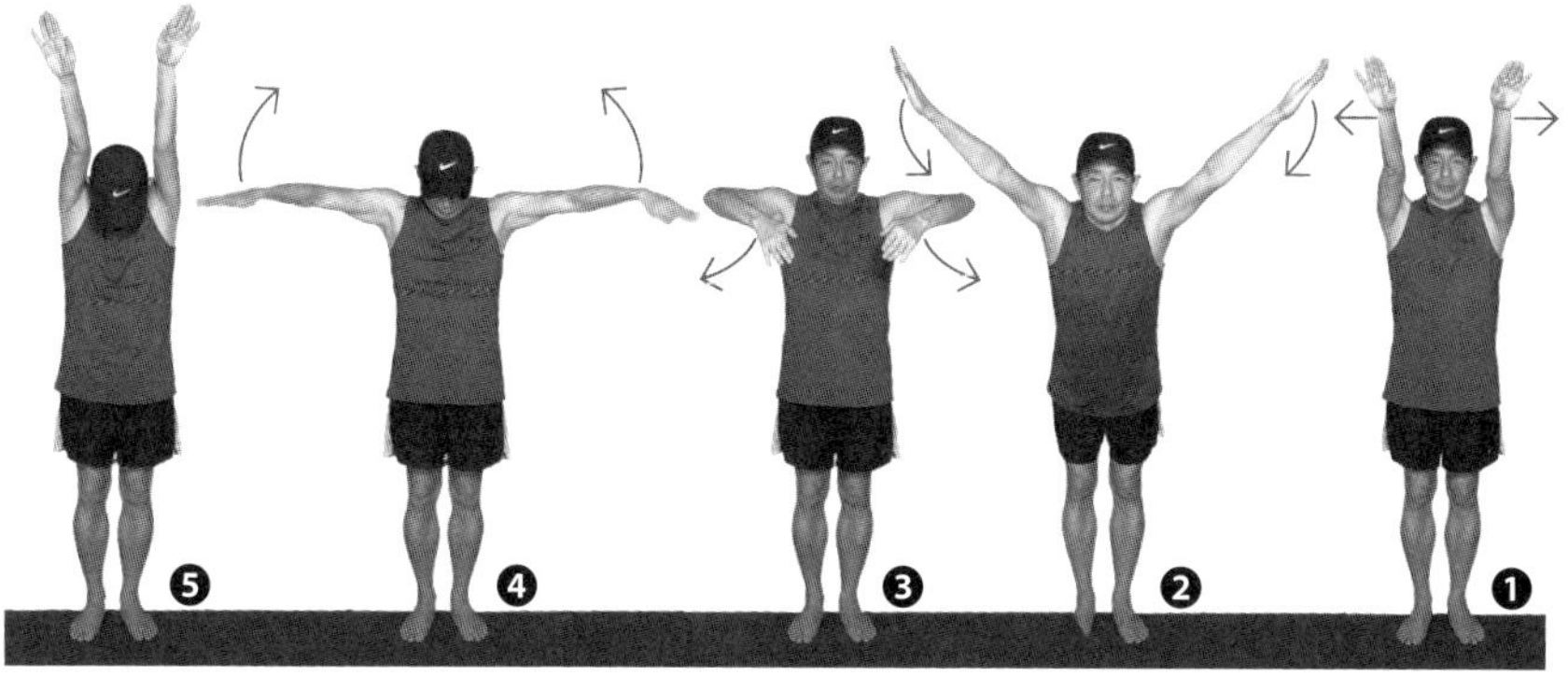

ダイブから１ストローク
https://eswim.club/videos/R42550c2c4.html

○**動作ステップ**

①両手を肩幅で水平面から45度上に伸ばします。
②体重を前にかけて、Y姿勢の位置（時計の文字盤の2時と10時で水平面から45度）に手を伸ばします。
③スカリング、リカバリーを行って、あごを引きながらI姿勢の位置（1時と11時）に手を置きます。
④動作を繰り返します。

○**チェックポイント**

スカリングポイントから、手をリラックスしたまま肘を素早く上に動かします。

Y姿勢からスカリングまでは斜め上を見て、リカバリーであごを引いて正面を見ます。

（キックで下押し）

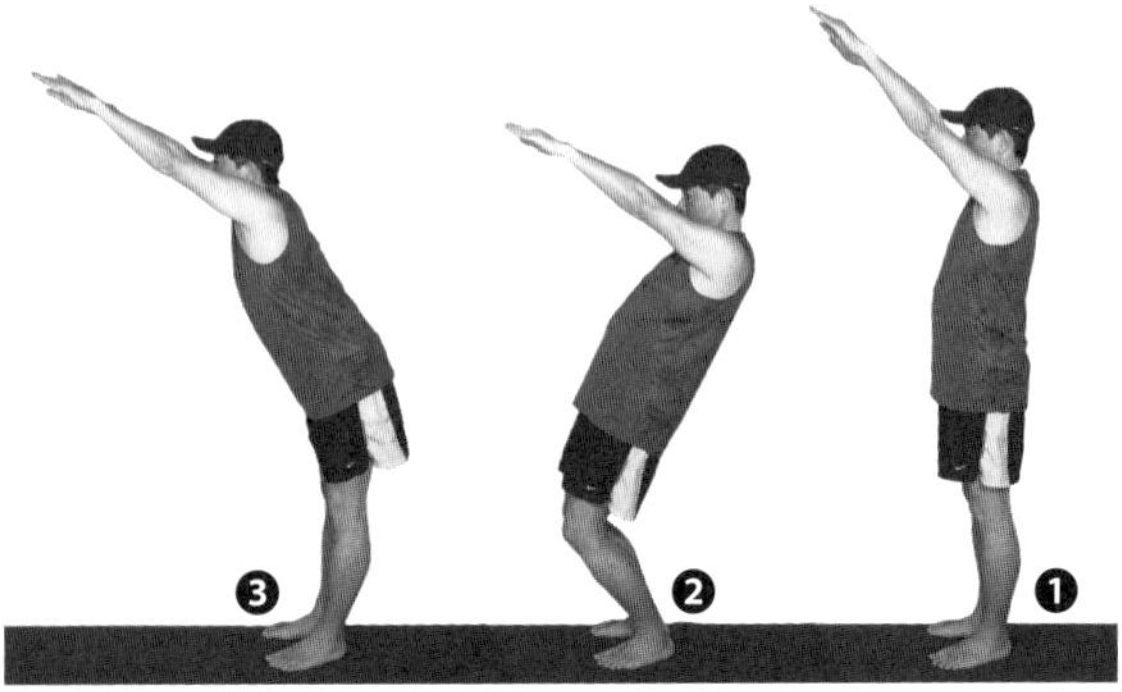

キックで下押し
https://eswim.club/videos/R42610c02e.html

○動作ステップ

①ひざを曲げながらＩ姿勢を作ります。

②ひざを伸ばしながら上体を前に出すと同時に、腰を後ろに送ります。

○チェックポイント

両手の幅は変えません。

腰の位置を後ろにすることで、上体が前に動きやすくなります。

キックでダイブ（2ステップ）

キックでダイブ（２ステップ）
https://eswim.club/videos/R42620c163.html

○**動作ステップ**

①ひざを曲げながらＩ姿勢を作ります。
②ひざを伸ばしながら上体を前に出すと同時に、腰を後ろに送ります。
③背中を反らしながら斜め上を向いて、Ｙ姿勢を作ります。

○**チェックポイント**

背中を反らせるときに、腰の位置を変えずにもも裏側を支えにします。

背中を反らせるときに、手を広げて上に伸ばしながら、手のひらの向きも45度外側に向けます。

（キックでダイブ（連続））

キックでダイブ（連続）
https://eswim.club/videos/R42630cfcd.html

○動作ステップ

①ひざを曲げながらＩ姿勢を作ります。

②ひざを伸ばしながら上体を前に出すと同時に、腰を後ろに送ったら上体を上に反らしながらＹ姿勢を作ります。

③ひざを曲げながらＩ姿勢に戻して動作を繰り返します。

○チェックポイント

ひざを伸ばしながら斜め上を向くことで、水中では体重を前にかけることができます。

Ｉ姿勢では前を向いて、Ｙ姿勢では斜め上を向きます。

Ｉ姿勢では上体を後傾して背中を丸めて、Ｙ姿勢では上体を前傾して胸を張ります。

（加速エントリーからキックしてダイブ（肩の横から））

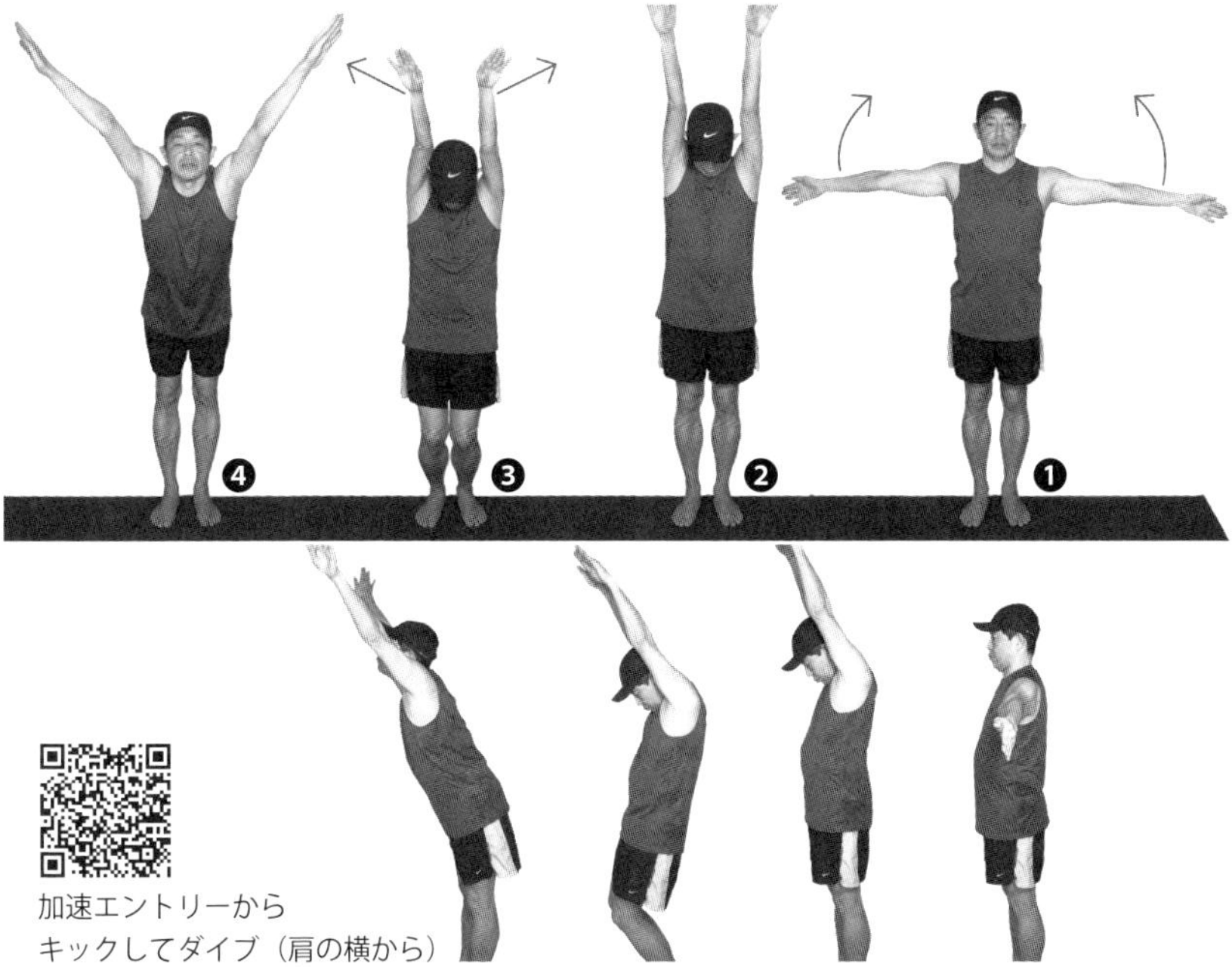

加速エントリーから
キックしてダイブ（肩の横から）
https://eswim.club/videos/R42640c625.html

○**動作ステップ**

①両手を横に伸ばします。

②あごを引きながら両手をＩ姿勢の位置（時計の文字盤の1時と11時）に動かして、ひざをゆるめます。

③ひざを伸ばしながら前傾してＹ姿勢を作ります。

○**チェックポイント**

両手を上に伸ばしてから、キックのためにひざをゆるめます。

ひざを伸ばしながら斜め上を向きます。

（ミニフライ）

○動作ステップ

①両手を肩幅で水平面から45度上に伸ばします。
②体重を前にかけてY姿勢の位置（時計の文字盤の2時と10時で水平面から45度）に手を伸ばします。
③スカリング、リカバリーを行って、あごを引きながらI姿勢の位置（1時と11時）に手を置いてひざをゆるめます。
④ひざを伸ばしながらY姿勢を作ります。
⑤動作を繰り返します。

○チェックポイント

リカバリーでは、からだの横に向けて手を伸ばしたら素早く上に運びます。
手を上に伸ばしてから、キックのためにひざを曲げます。

ミニフライ
https://eswim.club/videos/R42650c48f.html

4 ロング・バタフライ　プール練習
（正面倒れ込み）

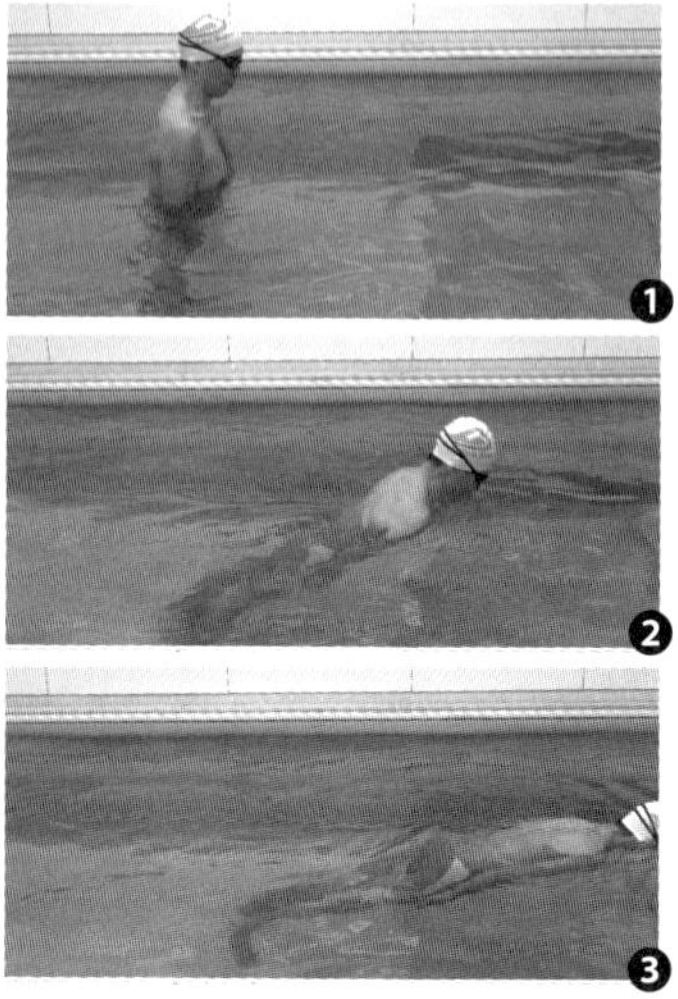

正面倒れ込み
https://eswim.club/videos/D42010cdf0.html

○**目的**
背中をまっすぐにしたまま前に倒れることで、水中で体重を前にかけます。

○**動作概要**
体重を前にかけて倒れます。

○**動作ステップ**
①両手をももの前に置いて立ちます。
②背中をまっすぐにしたまま、体重を前にかけて倒れます。

○**チェックポイント**
頭頂部から足まで一直線にしたまま倒れます。

わきを締めます。

顔が水面に到達する直前に鼻から息を吐いて、顔が水没したら息を止めます。

水にからだを委ねます。

〈ジャンプ〉

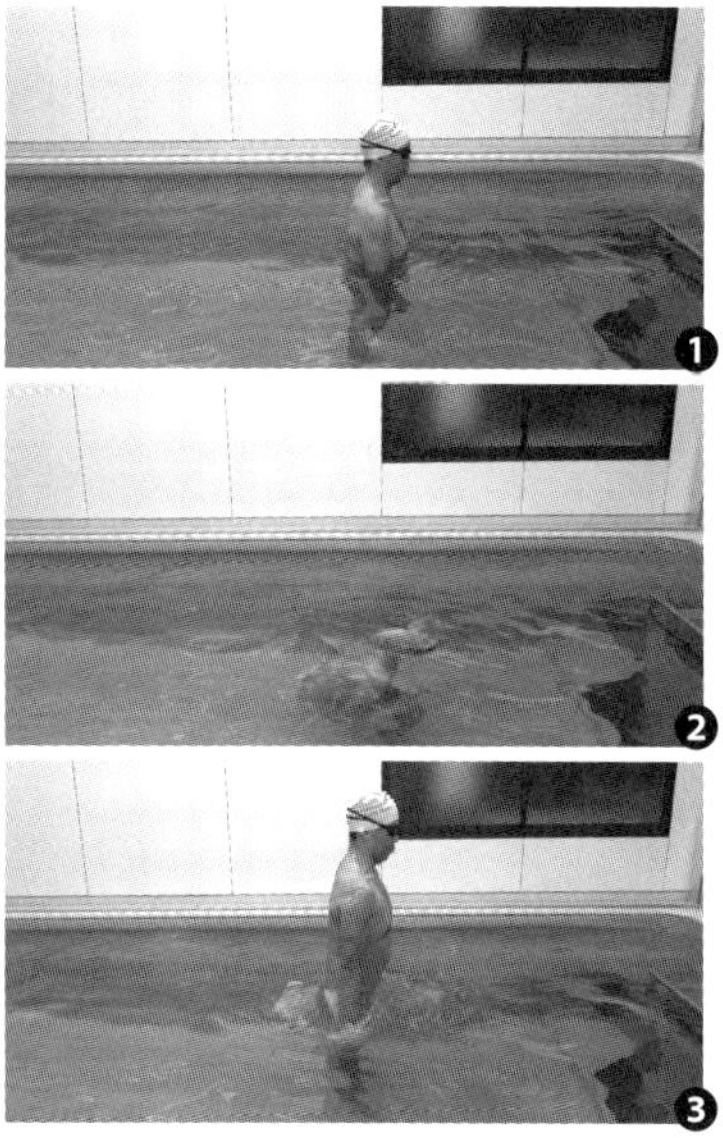

○目的

曲げたひざを素早く伸ばすことで、高くジャンプします。

○動作概要

上方向にジャンプします。

○動作ステップ

①かかとを上げながらひざを曲げて頭とからだを

ジャンプ
https://eswim.club/videos/D42020cf5a.html

沈めます。

②ひざを素早く伸ばして上にジャンプします。

○**チェックポイント**

ひざを曲げて素早く伸ばす方が、プールの底を強く押すよりもラクにジャンプできることを理解します。

ジャンプして着地したときに、軽くひざを曲げて衝撃を吸収します。

〔体幹グライド〕

○**目的**

胸に体重をかけて前に滑ります。

○**動作概要**

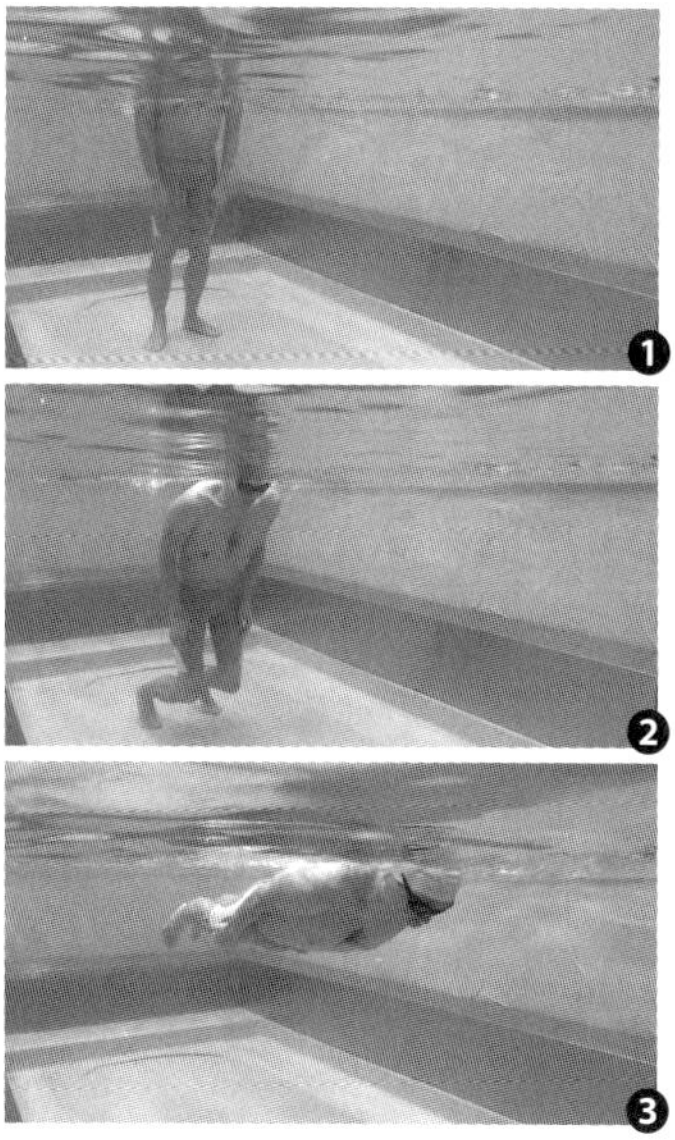

体幹グライド
https://eswim.club/videos/D42030c9c4.html

両手をもも前に置いたまま倒れ込みながら、床を蹴って滑ります。

○動作ステップ

①両手をもも前に置いた姿勢で立ちます。
②ひざを曲げてかかとを上げながら、体重を前にかけて倒れます。
③顔が水没したら、下を向いて床を蹴ります。
④体重を前にかけて滑ります。

○チェックポイント

ひざを曲げながら水にもたれかかります。
立った位置より70センチメートル前まで前傾してからプールの底を蹴ります。
あごと首の間隔を保って、顔の向きを変えないようにします。
両足を閉じます。

（両手前グライド）

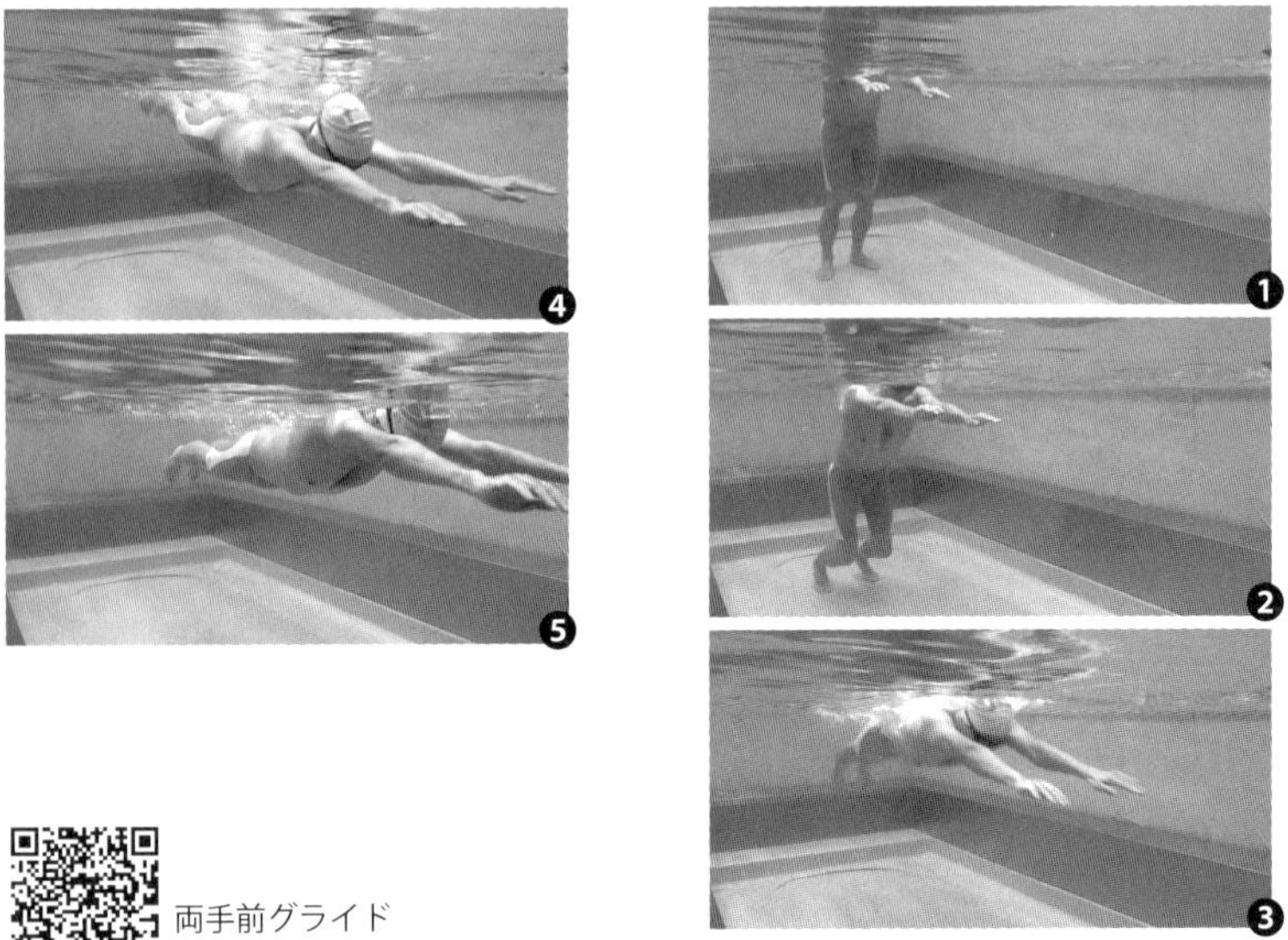

両手前グライド
https://eswim.club/videos/D42040cb2e.html

○目的

伸ばした手を支えにしながら、胸に体重をかけて前に滑ります。

○動作概要

両手を前に伸ばして、床を蹴って滑ります。

○動作ステップ

①両手を肩幅よりも手のひら一つ分広げて、手首から先を水中に入れます。

②倒れながら床を蹴って滑ります。

○チェックポイント

肘を伸ばして手を支えにしながら、体重を前にかけます。

わきの下を伸ばします。

両足を閉じます。

（両手前ダイブ）

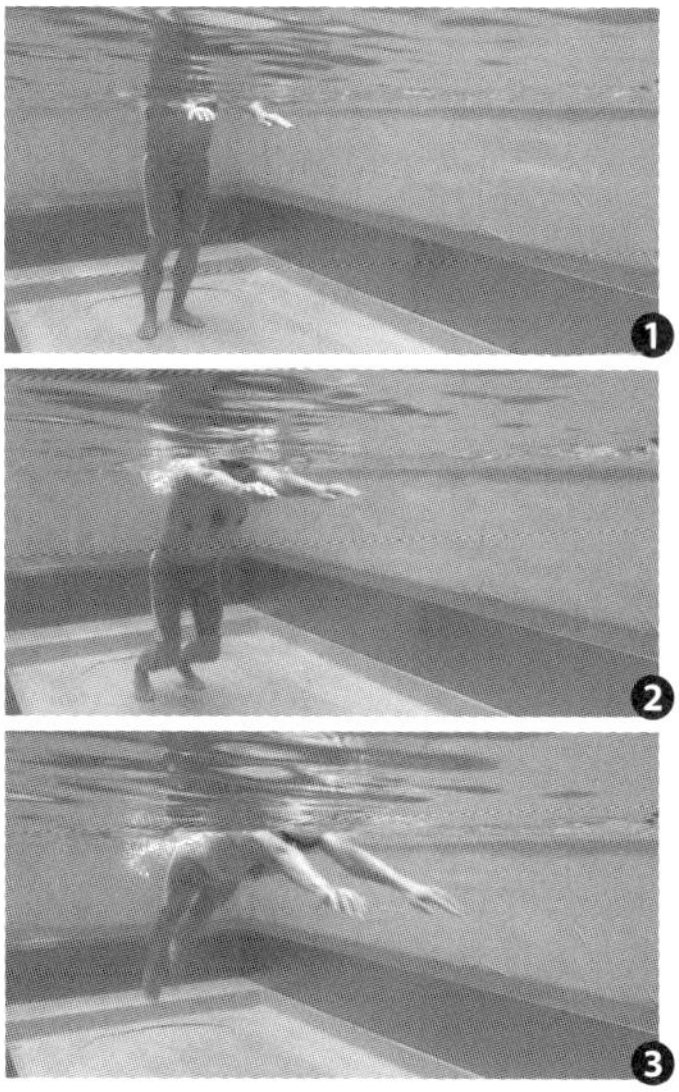

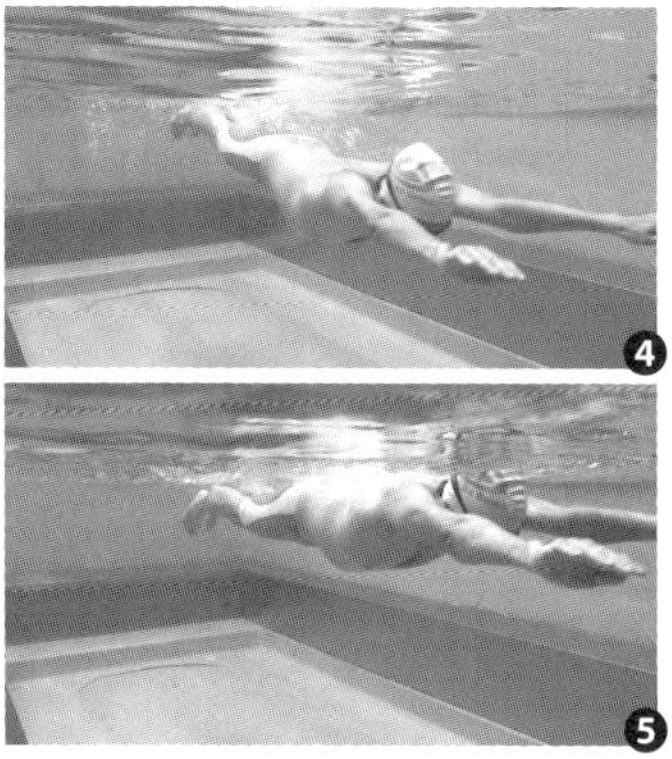

両手前ダイブ
https://eswim.club/videos/D42050c598.html

○目的

体重を前にかけながら、からだを沈めて滑ります。

○動作概要

床を蹴ってから、からだを沈めてバタフライのグライド姿勢（Y姿勢）で滑ります。

○動作ステップ

①両手を肩幅よりも手のひら一つ分広げて、手首から先を水中に入れます。
②倒れながら床を蹴ります。
③体重を前にかけて沈みながら、伸ばした手を手のひら一つ分広げてY姿勢を作ります。

○チェックポイント

伸ばした手は、水面近くで時計の文字盤の2時と10時のY姿勢の位置に伸ばします。
斜め前を見ます。
頭一つ分からだを沈めます。
浮き上がりに2秒かける程度まで沈みます。
伸ばした手を支えにします。

（ダイブからI姿勢）

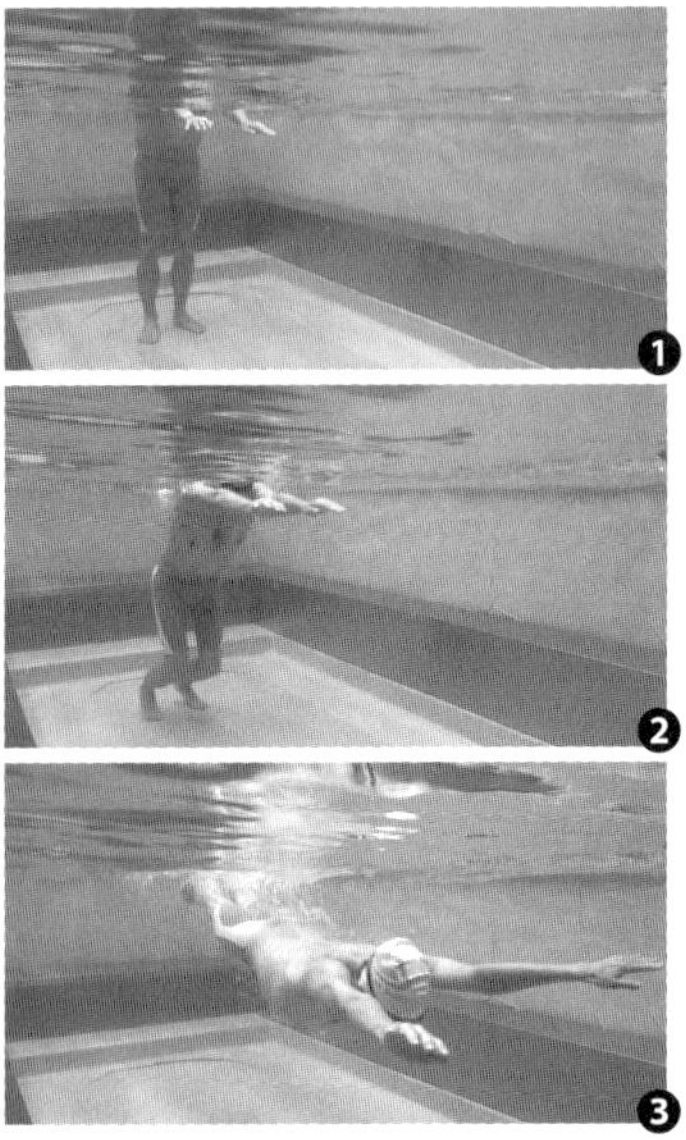

○**目的**

からだが浮き上がるときの姿勢を作ります。

○**動作概要**

床を蹴ってからだを沈めてから、からだの浮き上がりに合わせてI姿勢を作ります。

○**動作ステップ**

ダイブから I 姿勢
https://eswim.club/videos/D42110c0c4.html

①両手前ダイブでスタートして、Y姿勢で滑ります。
②からだの浮き上がりに合わせて、背中をゆるめてI姿勢を作ります。

○**チェックポイント**

背中をゆるめると同時に両手の幅を肩幅まで狭めて、伸ばす方向を水面から30度下げます。

顔の向きを斜め前から下にします。

（ダイブから水押し）

○**目的**

からだの浮き上がりに合わせて手で水を下に押すことで、頭を水上に出して息継ぎをします。

ダイブから水押し
https://eswim.club/videos/D42120cdcd.html

○動作概要

床を蹴ってからだを沈めてから、からだの浮き上がりに合わせて、手を伸ばしたまま水を下に押して息継ぎします。

○動作ステップ

①両手前ダイブでスタートして、Y姿勢で滑ります。
②からだの浮き上がりに合わせて、手を伸ばしたまま水を下に押します。
③口を水上に出して息継ぎをします。

○チェックポイント

ダイブするときには、手を水面に残すようにして、頭はできるだけ沈めます。
からだが浮き上がり始めたら、I姿勢に変えながら手を動かし始めます。
顔は下を向いたままにします。

（ダイブからスカリング）

❶

❷

❸

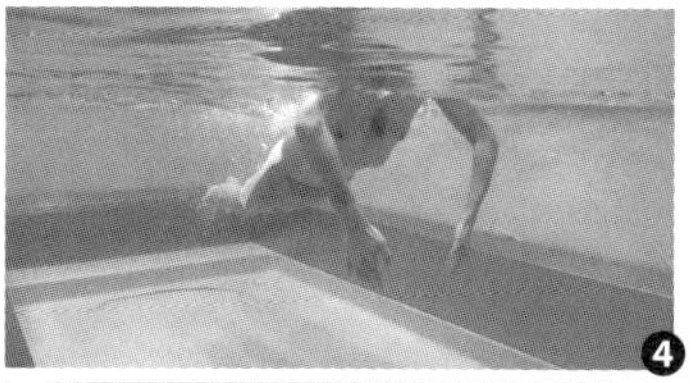
❹

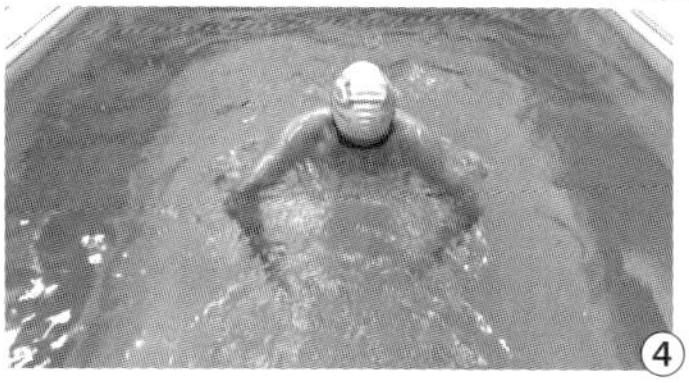
④

ダイブからスカリング
https://eswim.club/videos/D42130c425.html

○**目的**

からだの浮き上がりに合わせて肘を曲げながら手で水を下に押すことで、頭を水上に出して息継ぎをします。

○**動作概要**

床を蹴ってからだを沈めてから、からだの浮き上がりに合わせて、スカリングして息継ぎします。

○**動作ステップ**

①両手前ダイブでスタートしたら、手を時計の文字盤の2時と10時に伸ばしてY姿勢で滑ります。

②からだの浮き上がりに合わせて、手を時計の文字盤の4時半と7時半の位置までスカリングして口を水上に出します。（図の白地番号は同じ番号の別角度にて。以下同）

○チェックポイント

肘の位置を上げながら手を下に動かします。手がからだの幅まで近づいたら動きを止めます。口が水上に出るように、手のひらの向きや水を押す方向を調整します。

立位加速エントリーリハーサル（肩の横から）

○目的

リカバリーの手を加速して着水します。

○動作ステップ

①両手を横に伸ばして、片足を前に出して屈んで立ちます。

②あごを引きながら手を素早く前

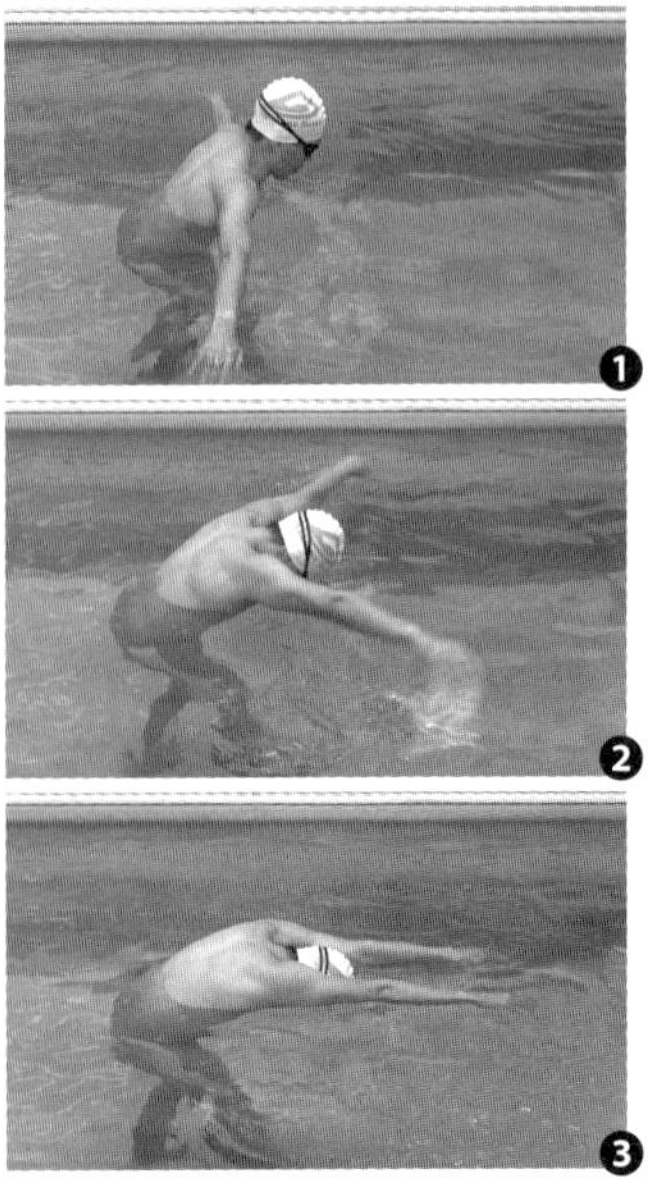

立位加速エントリーリハーサル（肩の横から）
https://eswim.club/videos/D42140c68f.html

に運んで、時計の文字盤の1時と11時の位置に手を着水します。

○**チェックポイント**

肘を伸ばしたまま、腕全体を素早く前に運びます。

手を着水するときに、頭頂部を前に向けます。

〔加速エントリー（肩の横から）〕

○**目的**

リカバリーの手を加速して着水することで、勢いを作ります。

○**動作概要**

両手を横に伸ばした姿勢から、床を蹴りながら

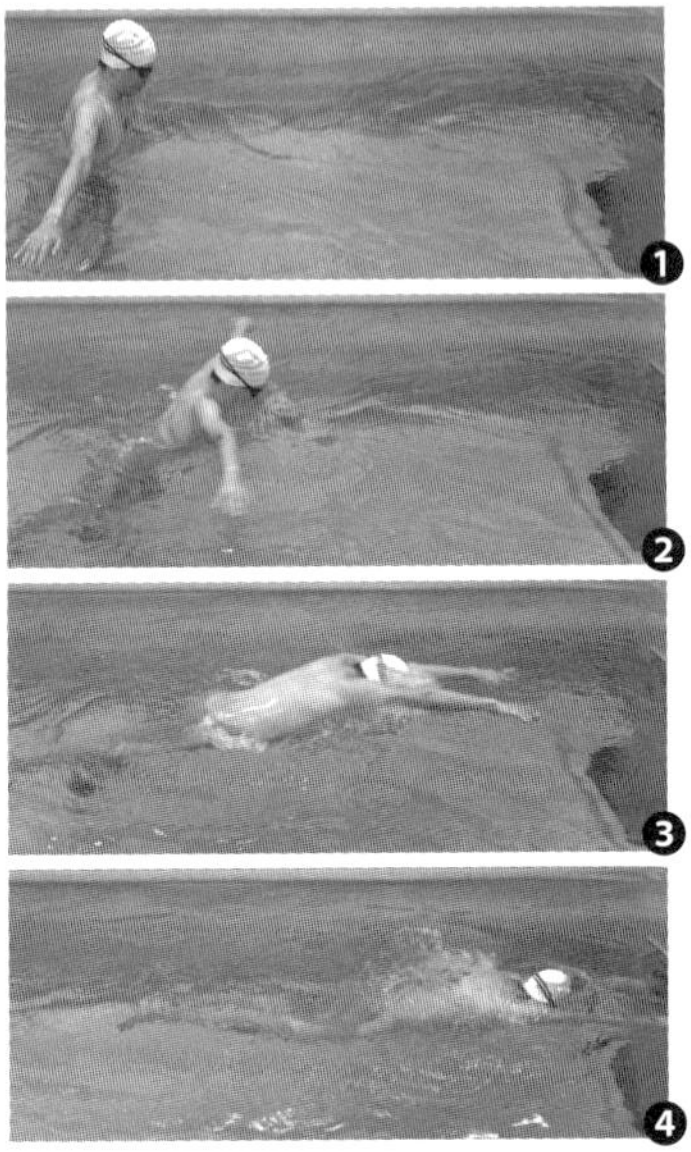

加速エントリー（肩の横から）
https://eswim.club/videos/D42150c1c4.html

手を素早く前に送って着水します。

○**動作ステップ**

①両手を横に伸ばして、片足を前に出して屈んだ姿勢で立ちます。

②前傾しながら手を素早く前に運びます。

③床を蹴って、あごを引きながら手を素早く前に運んで、時計の文字盤の1時と11時の位置に手を着水します。

○**チェックポイント**

肘を素早く前に運びます。

手を前に動かす勢いを保ちながら着水することで、着水後に滑ります。

手を着水した後は水面下15センチメートルに保ちます。

（ダイブから1ストローク）

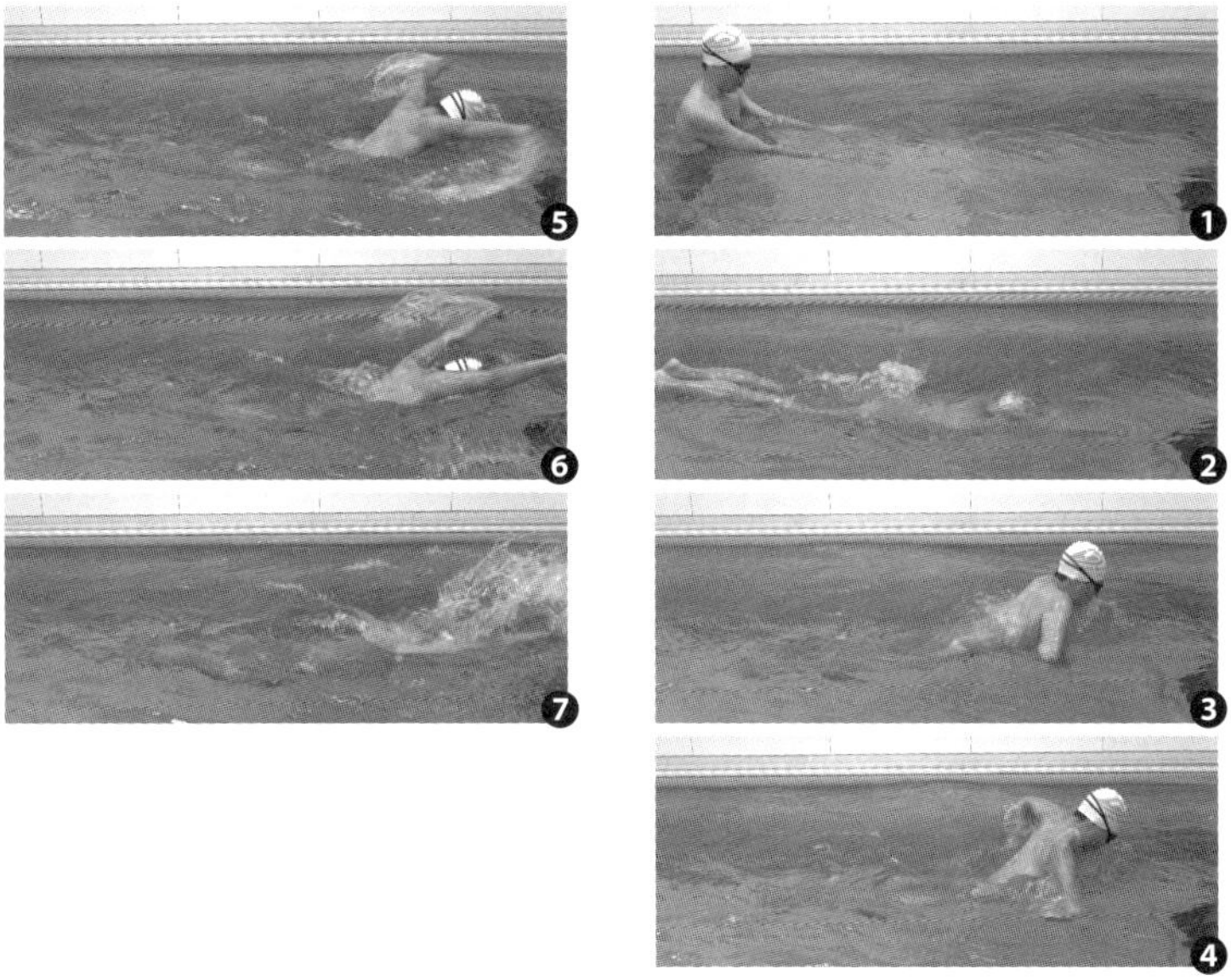

○目的

からだを沈めてから、浮き上がりに合わせて1回ストロークします。

○動作概要

ダイブでからだを沈めてから、1回ストロークしながら息継ぎをします。

○動作ステップ

①両手前ダイブでスタートしたら、手を時計の文字盤の2時と10時に伸ばしてY姿勢で滑ります。

②からだの浮き上がりに合わせてスカリングして息継ぎをします。

③リカバリーした手を素早く前に送って、時計の文字盤の1時と11時の位置に手を着水します。

○チェックポイント

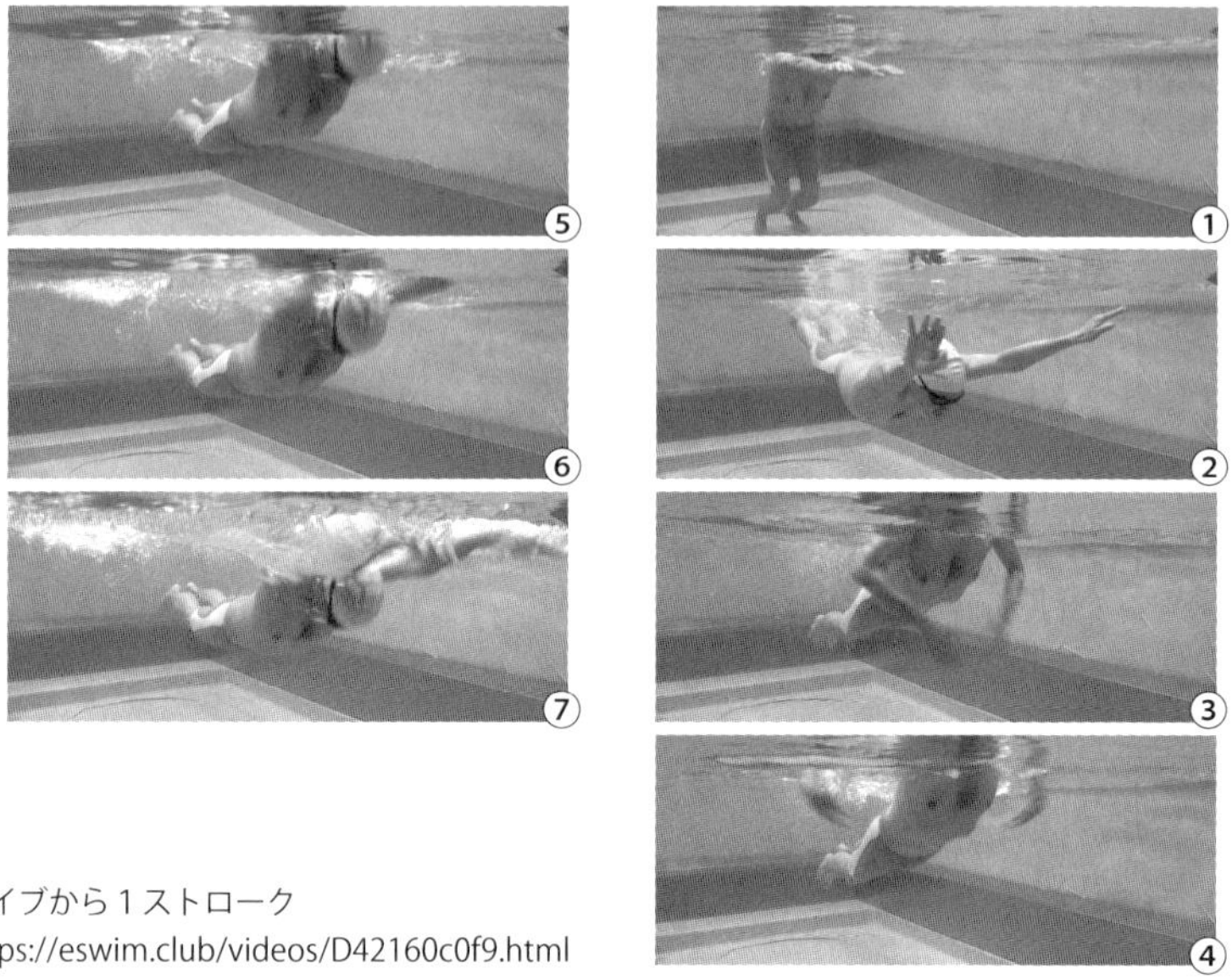

ダイブから１ストローク
https://eswim.club/videos/D42160c0f9.html

浮き上がるときには顔の向きを変えずに、斜め下を見続けます。
あごを引いて素早くリカバリーします。
手を水中深く入れずに、水面すれすれにとどめます。
ひざを伸ばしたままにします。

（キックで下押し）

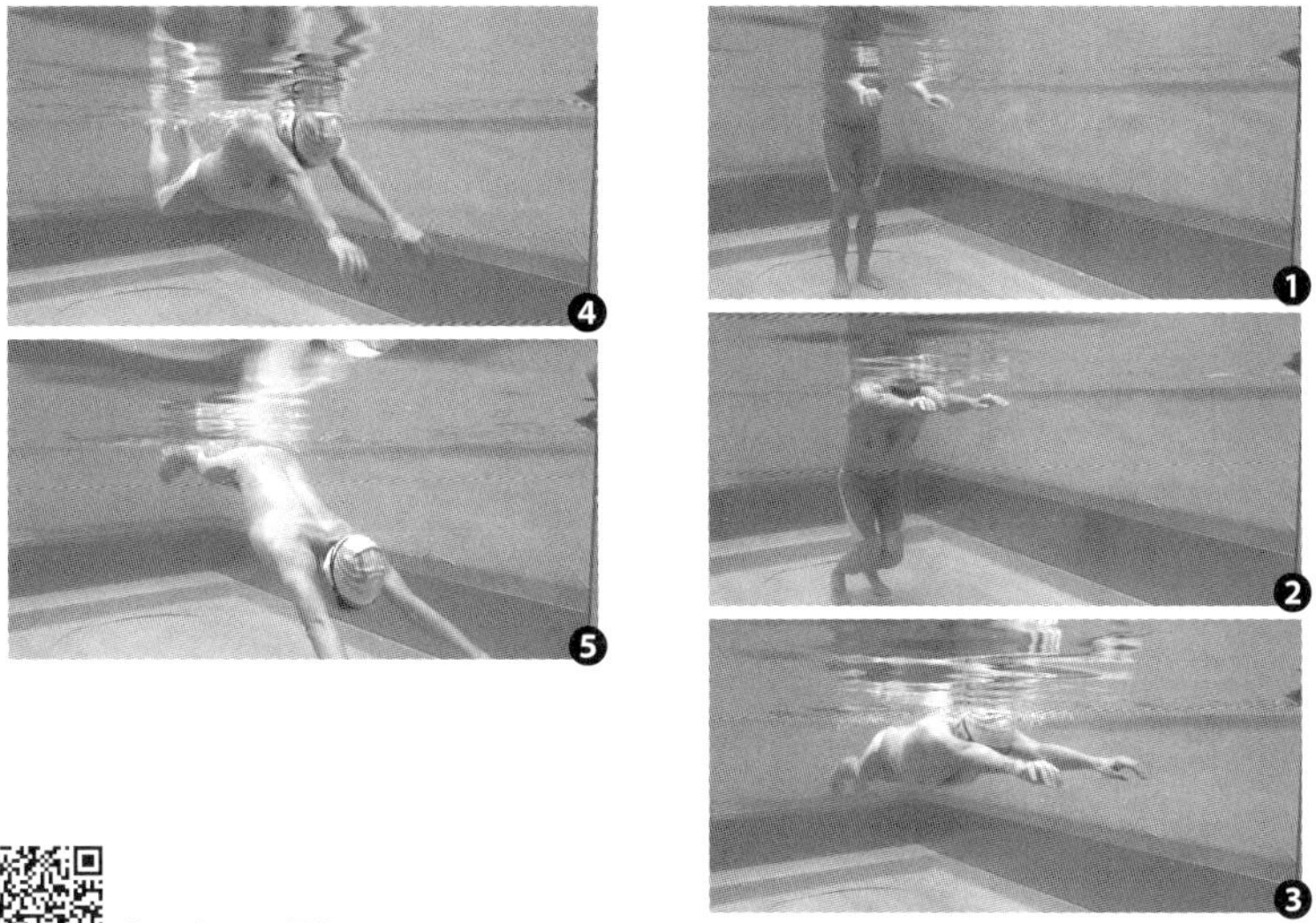

キックで下押し
https://eswim.club/videos/D42210c263.html

○目的

足を蹴り降ろす動きで、上体で水を下に押します。

○動作概要

I姿勢を作りながらひざをゆるめて、ひざを素早く伸ばしながら上体で水を下に押します。

○動作ステップ

①両手前グライドでスタートします。
②I姿勢を作りながら、ひざをゆるめて足の裏を水面に近づけます。
③ひざを素早く伸ばして足で水を下に押すと同時に、腰を上げて上体で水を下に押します。

○チェックポイント

I姿勢を作るときに、伸ばす手の方向を30度下げます。
ひざをゆるめるときには、足の裏を上に向けたままにします。
足で水を下に押しながら腰を上げます。
腰－頭－手の順に下がります。

（キックでダイブ（2ステップ））

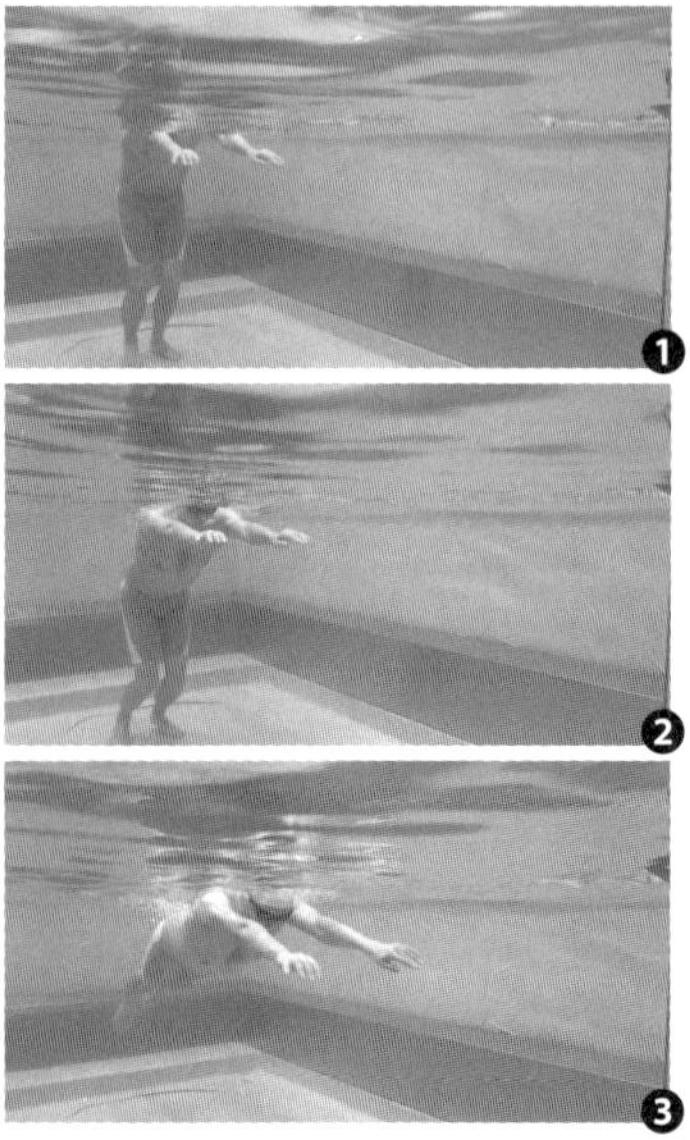

○**目的**
足の蹴り上げを支えにしながら、上体の方向を前に変えて滑ります。

○**動作概要**
足を蹴り下げながら上体で水を下に押して、蹴り上げながら体重をかける向きを前に変えて滑ります。

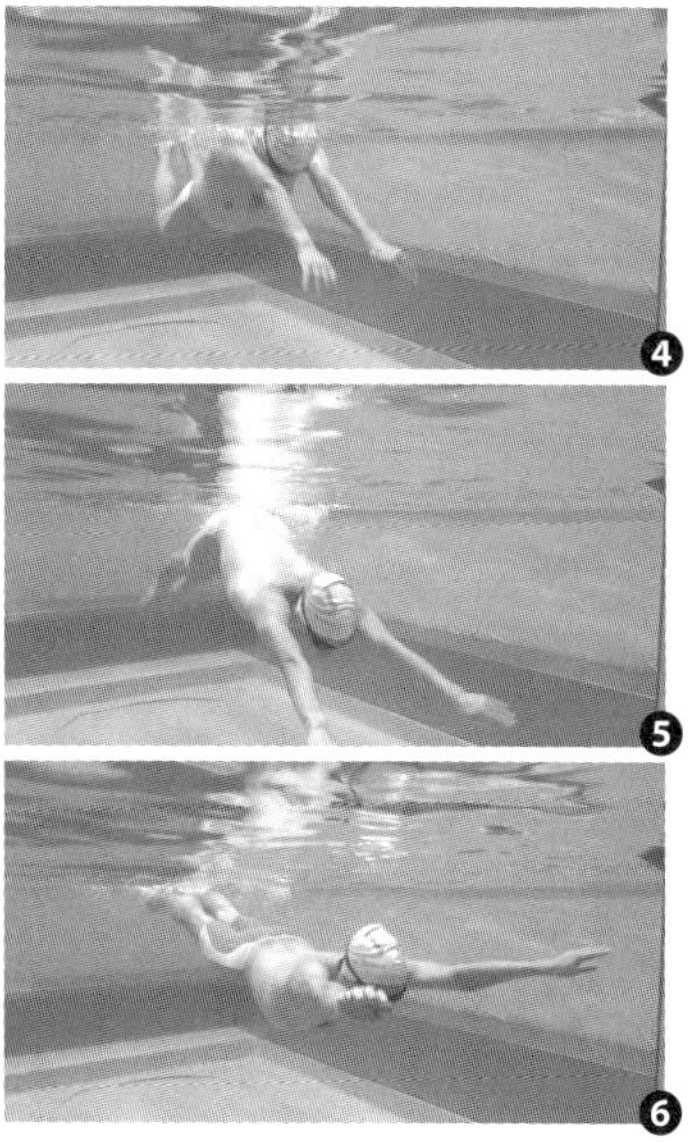

キックでダイブ（2ステップ）
https://eswim.club/videos/D42220c725.html

○動作ステップ

①両手前グライドでスタートします。
②I姿勢を作りながらひざをゆるめます。
③ひざを素早く伸ばして足で水を下に押すと同時に、腰を上げて上体で水を下に押します。
④足を引き上げながら上体の向きを前に変えます。

○チェックポイント

足を蹴り降ろすときは下を向いて、足を引き上げるときは斜め前を見ることで上体の向きを変えます。

足を引き上げながら、伸ばす手の方向を30度上にします。

足を水面近くまで引き上げることで、ももの後ろに当たる水を支えにして上体の向きを変えます。

キックでダイブ（連続）

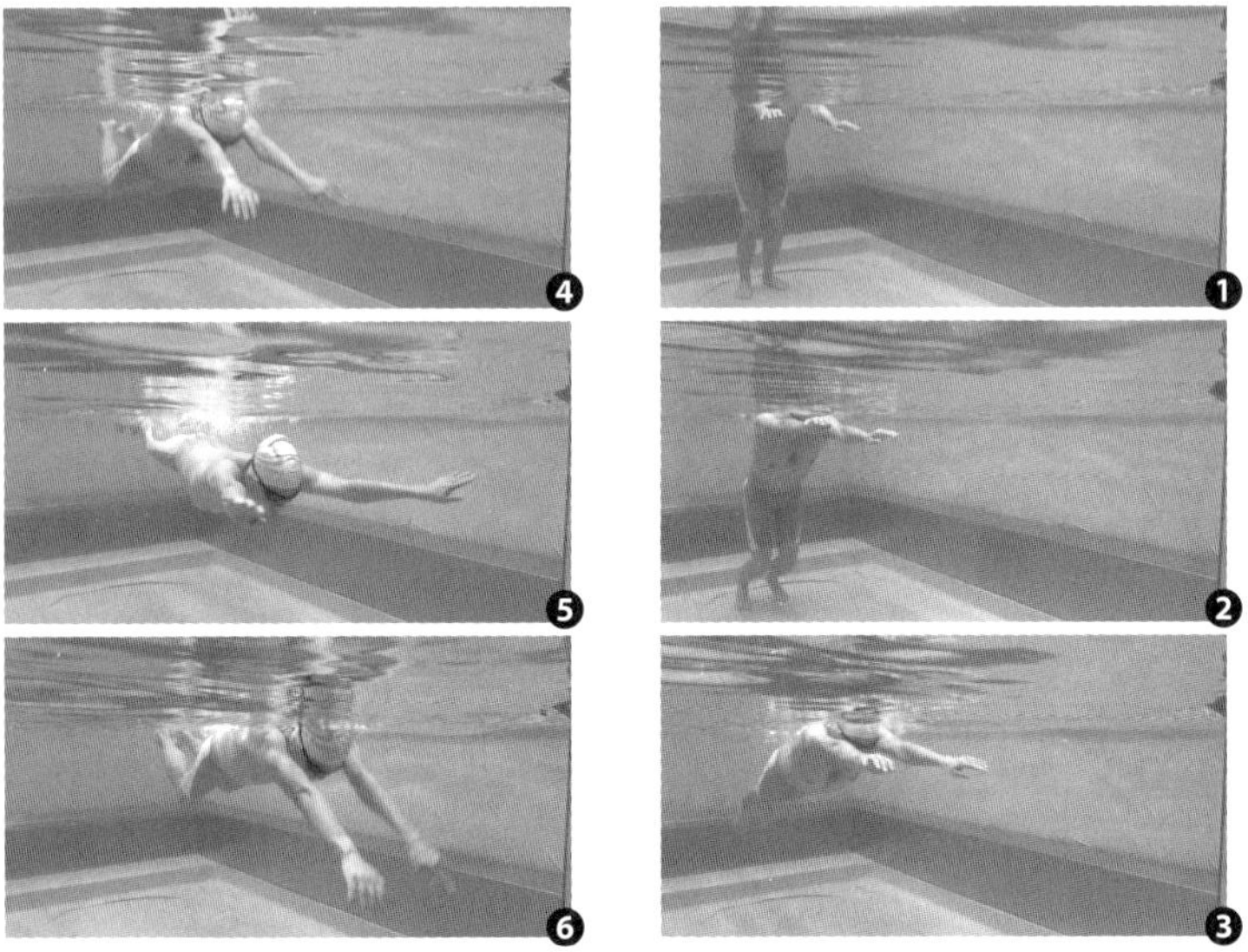

○目的

キックで体重を前にかけながらY姿勢で滑ったら、I姿勢で浮き上がる動作を繰り返します。

○動作概要

キックしてY姿勢でグライドして、浮き上がりに合わせてI姿勢を作ってからキックしてY姿勢でグライドする動作を繰り返します。

○動作ステップ

①両手前グライドでスタートします。
②キックしてY姿勢を作ってグライドします。
③からだが浮き上がってきたら、手を下げてI姿勢を作ってひざをゆるめます。
④キックしてY姿勢を作ってグライドします。
⑤浮き上がりでI姿勢－キックしてY姿勢を繰り返します。

キックでダイブ（連続）
https://eswim.club/videos/D42230c8cd.html

○チェックポイント

キックで前に進むのではなく、足の動きを支えにして胸で水を前に押すことで進みます。からだの上下動を抑えて、前に進むようにからだを動かします。

加速エントリーからキックしてダイブ（肩の横から）

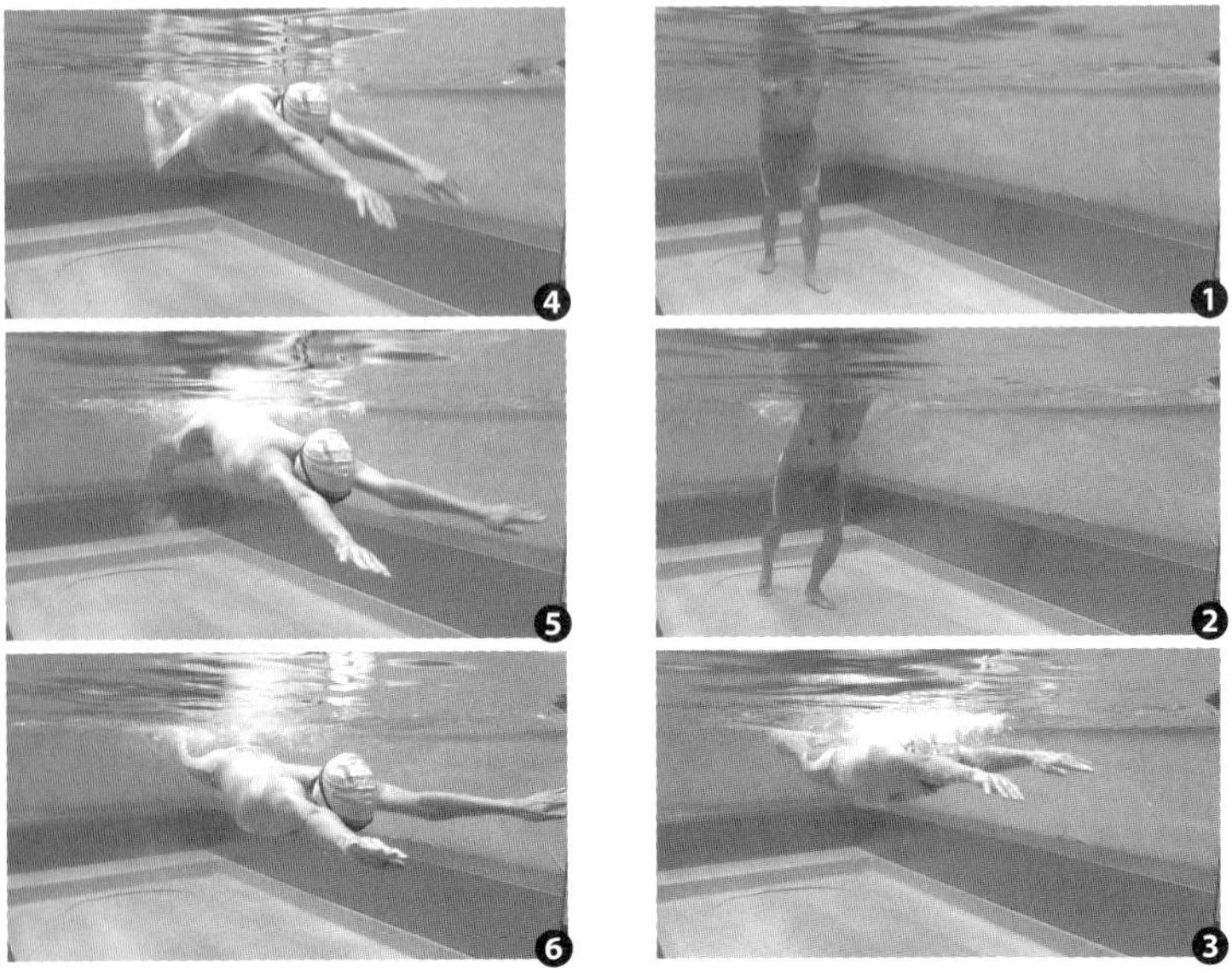

○**目的**

エントリーによる勢いと、キックしてダイブすることによる推進力をつなげます。

○**動作概要**

両手を横に伸ばした姿勢から、床を蹴りながら手を素早く前に送って着水して、キックしてからY姿勢で滑ります。

○**動作ステップ**

①両手を横に伸ばして、片足を前に出して屈んだ姿勢で立ちます。
②前傾しながら手を素早く前に運びます。
③床を蹴ってから時計の文字盤の1時と11時の位置に手を着水します。
④キックしてY姿勢でグライドします。

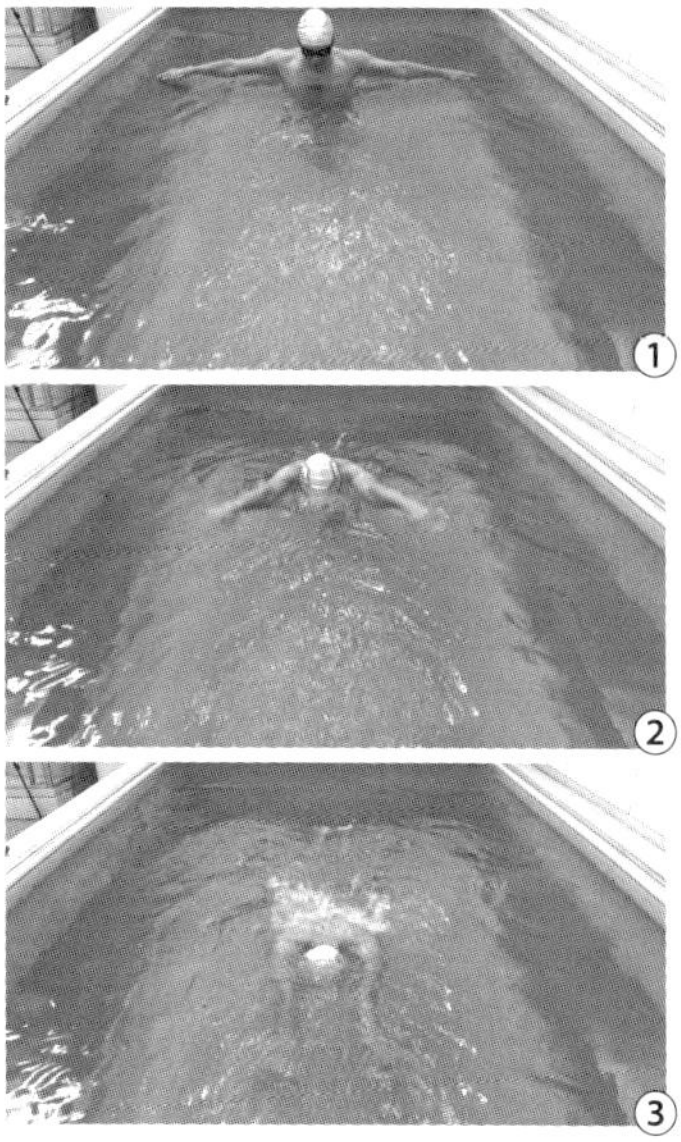

加速エントリーからキックしてダイブ（肩の横から）
https://eswim.club/videos/D42240c3f9.html

○チェックポイント

エントリーでは手に体重をかけずに着水するだけにとどめます。

キックしてY姿勢を作るときに手に体重をかけます。

（ダイブから1ストロークしてキックでダイブ）

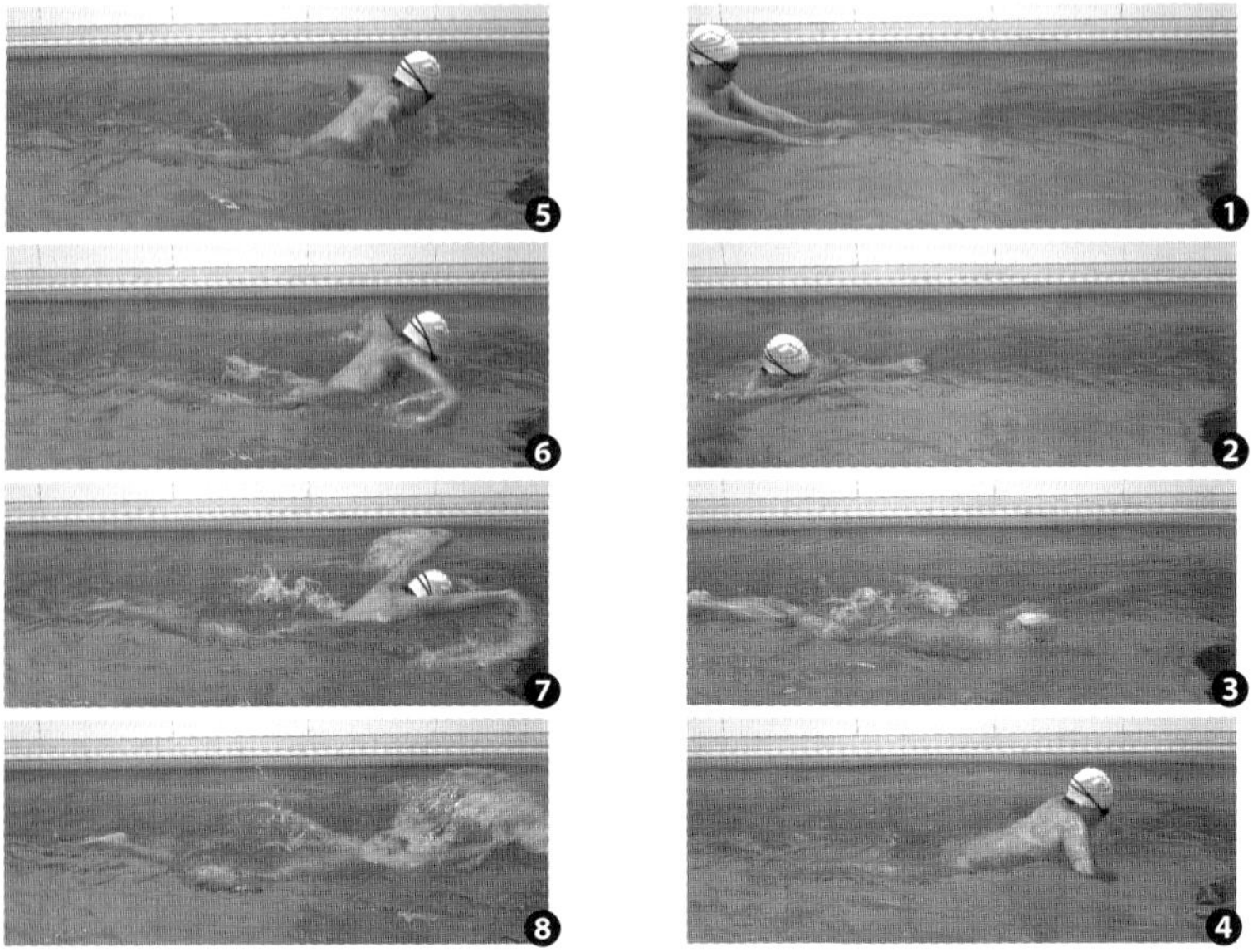

○**目的**

Y姿勢からストローク－キック－Y姿勢までの動きをつなげます。

○**動作概要**

からだを沈めてから一回ストロークして、キックで滑ります。

○**動作ステップ**

①両手前ダイブでスタートして、Y姿勢で滑ります。
②からだの浮き上がりに合わせてスカリングして息継ぎをします。
③リカバリーしてからだの前で着水します。
④キックしてY姿勢でグライドします。

○**チェックポイント**

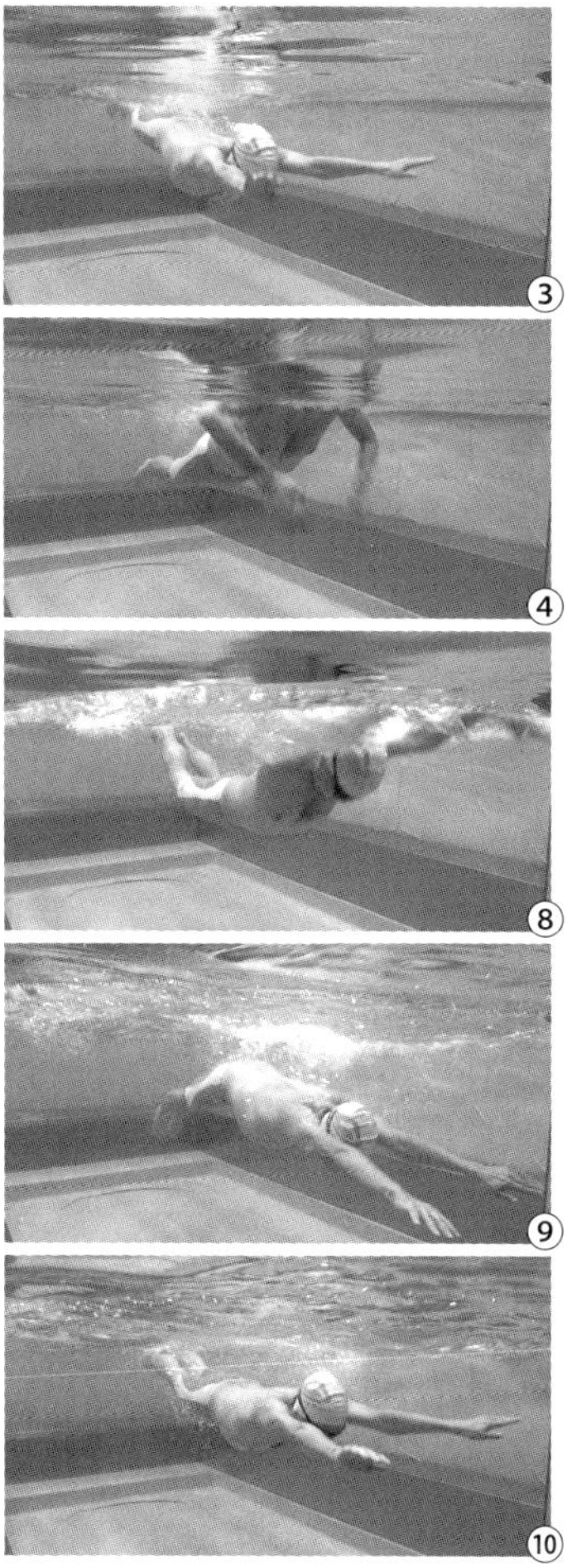

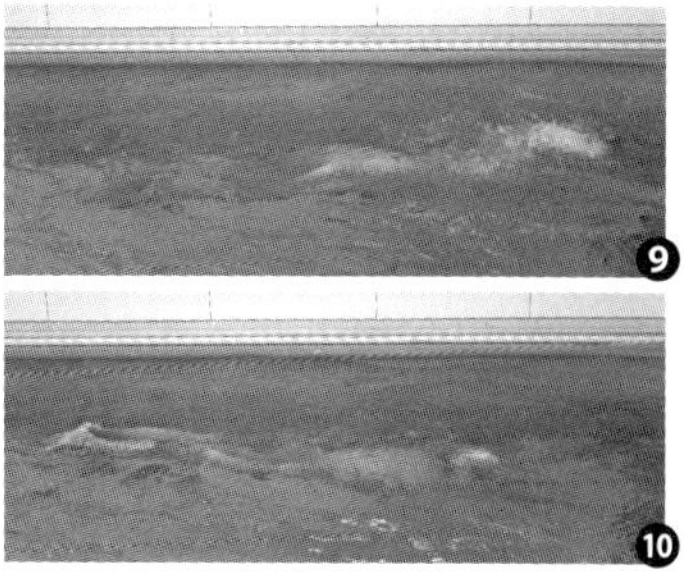

手を着水するときは、両手両足を伸ばした姿勢にします。

手を着水するときは真下を見ていますが、キックしたら顔の向きを斜め前に変えます。

足を蹴り下げながら上体で水を下向きに押して、足を蹴り上げながら胸で水を前に押します。

ダイブから１ストロークしてキックでダイブ
https://eswim.club/videos/D42250c163.html

（立位ミニフライリハーサル）

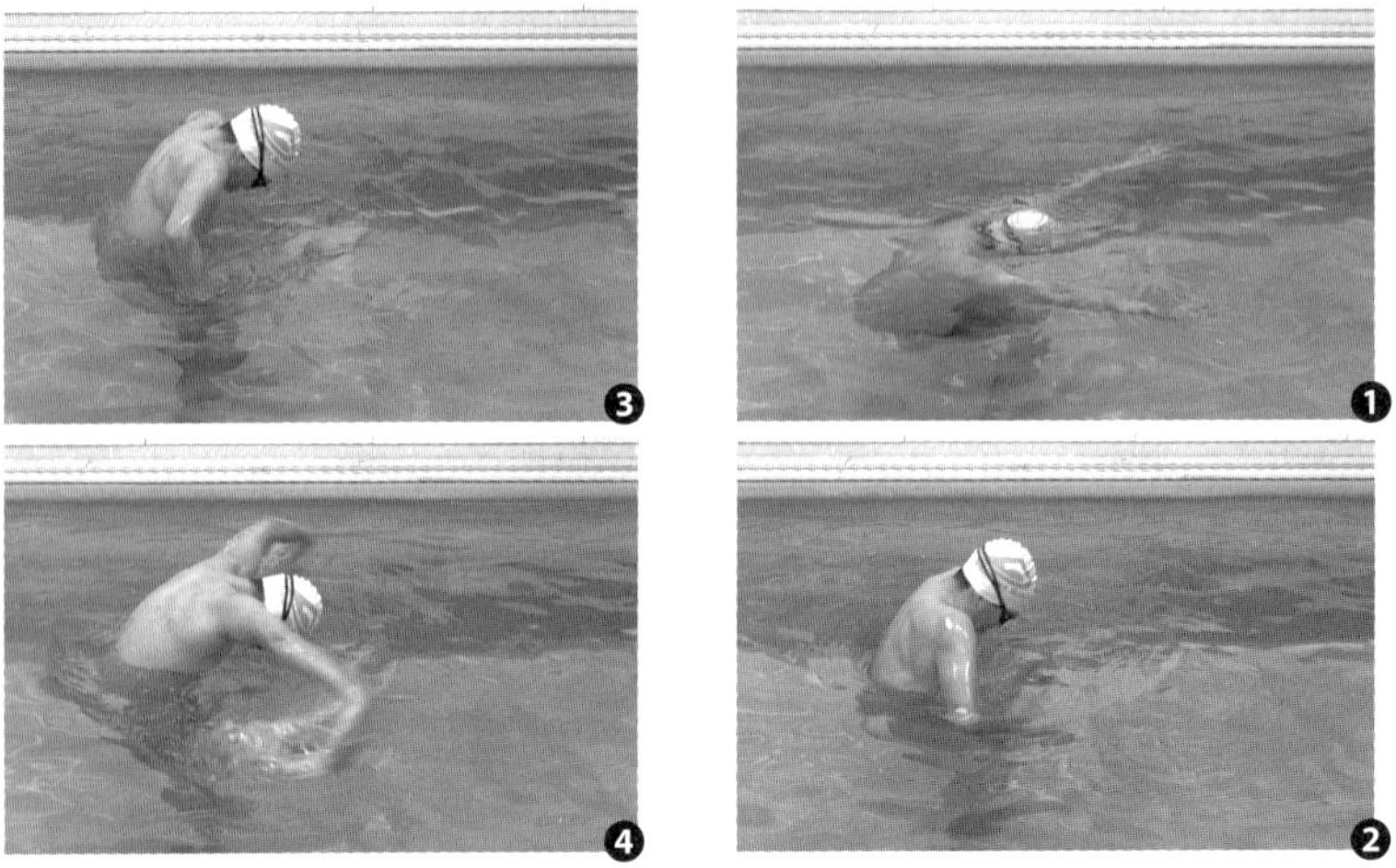

○**目的**

からだの横で手を水上に出す、ミニフライの動きを練習します。

○**動作ステップ**

①（両手練習）Y姿勢の位置に手を伸ばして立って、「スカリング」、「リカバリー」、「エントリー」、「キックしてY姿勢」までを続けます。

②（ボビング練習）両手をY姿勢の位置に伸ばしながら頭を沈めて、スカリングで水を下に押しながら立ち上がって、「リカバリー」、「エントリー」、「キックしてY姿勢」までを続けます。

○**チェックポイント**

からだの横で手を水上に出して、前に素早く運びます。

スカリングでは肘を高い位置に保つことで、手

❺

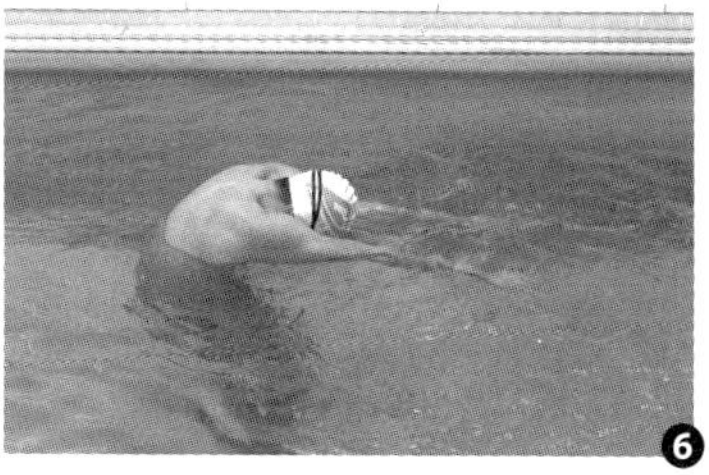

❻

❼

を素早く水上に出します。

立位ミニフライリハーサル
https://eswim.club/videos/D42310c7f0.html

（ダイブからミニフライ3回）

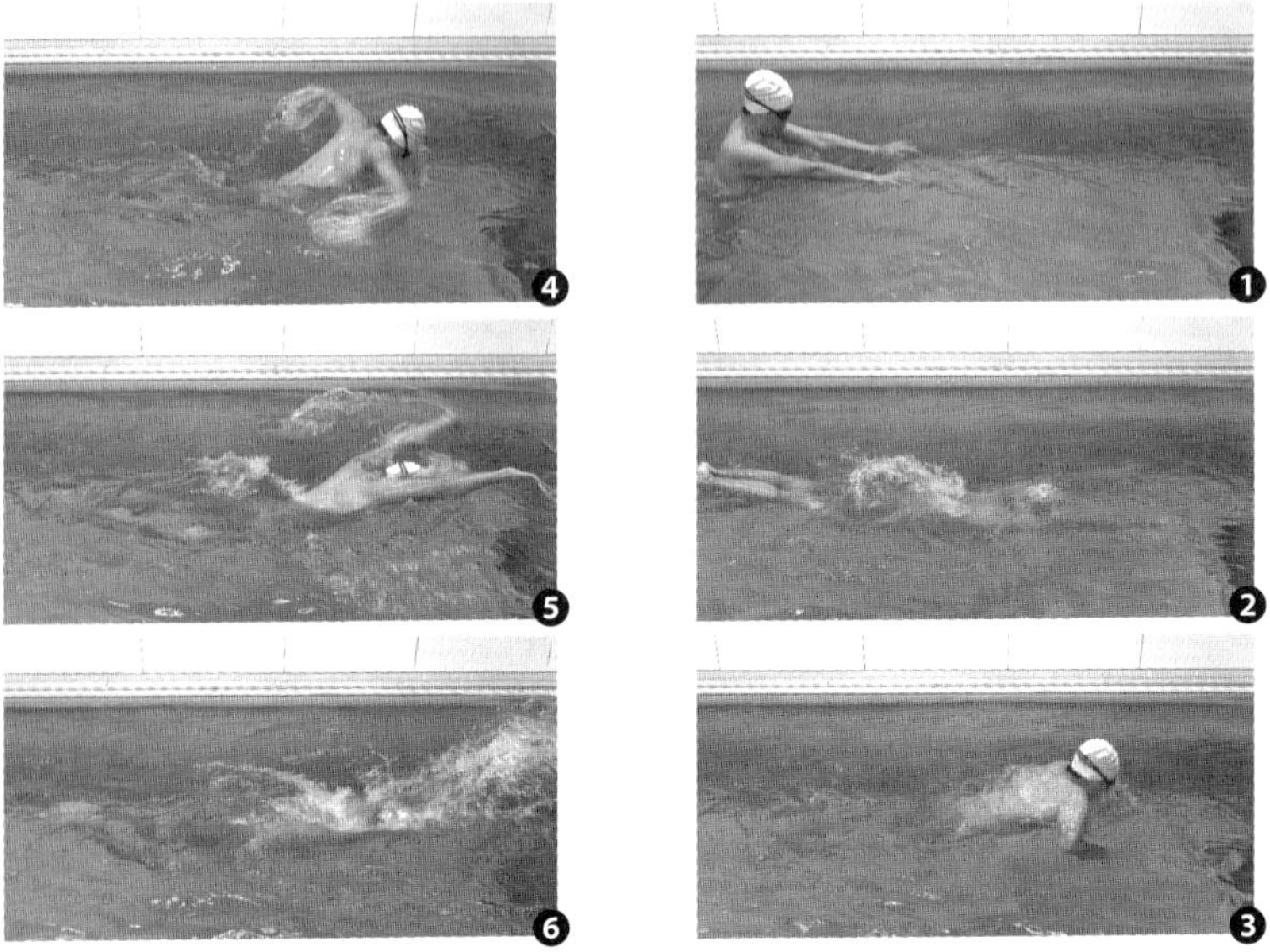

○目的

泳ぎ始めからのミニフライの動きを練習します。

○動作概要

からだを沈めてから、浮き上がりに合わせてストロークとキックを3回繰り返します。

○動作ステップ

①両手前ダイブでスタートして、Y姿勢で滑ります。

②浮き上がりに合わせてストロークで息継ぎして、手を着水したらキックしてY姿勢でグライドする動作を3回繰り返します。

○チェックポイント

手の着水とキックまでに時間を空けることで、キックしてY姿勢で滑る時間を延ばします。

⑥
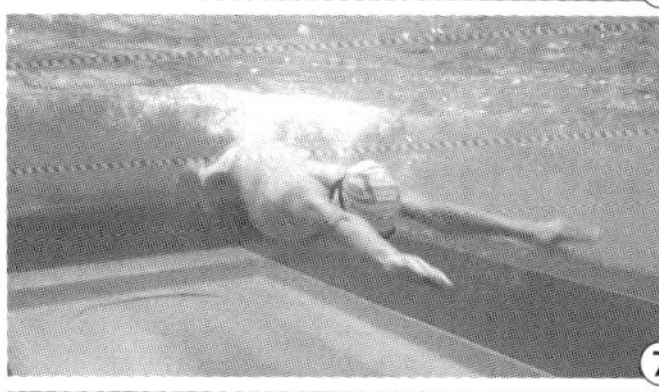
⑦

⑧
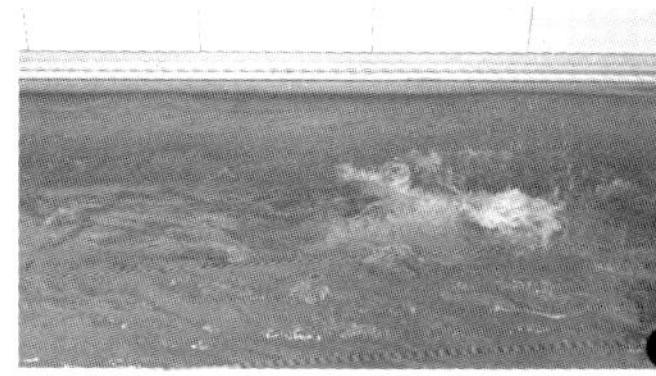
❼
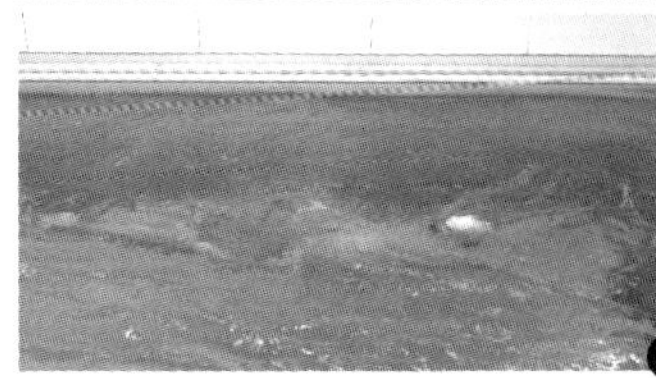
❽

口がぎりぎり水上に出る程度に、手の動かし方を小さくします。
エントリーから足の蹴り下げまでは下を向いて、足の蹴り上げから息継ぎまでは斜め前を向きます。

ダイブからミニフライ３回
https://eswim.club/videos/D42320c2f9.html

（ロング・バタフライ完成形）

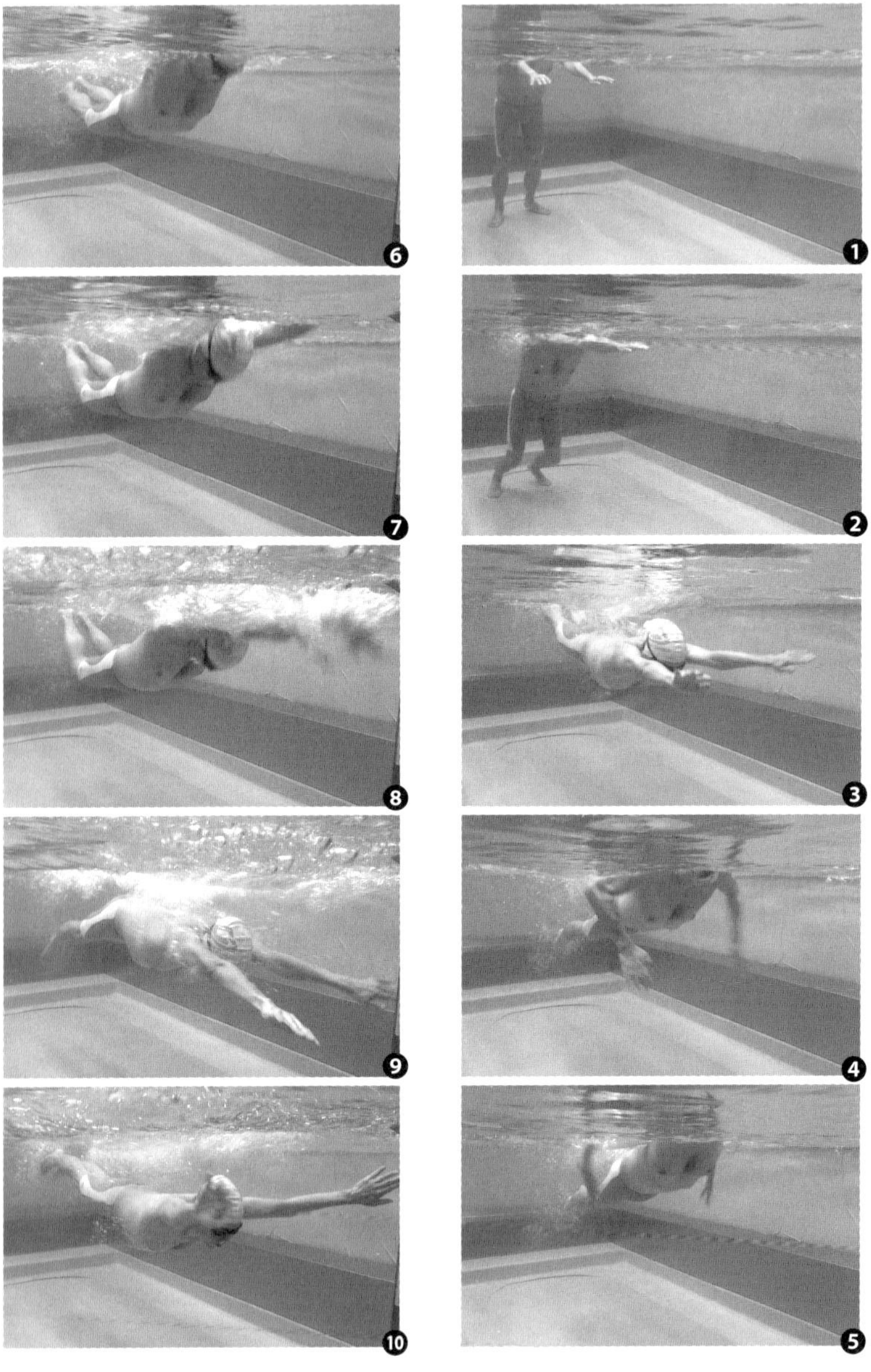

○チェックポイント

からだの浮き上がりに合わせてストロークを始めます。

リカバリーした手の着水の勢いだけで滑る時間を作ります。

口を水上に出すための最小限のからだの上下動を決めます。

ロング・バタフライ完成形
https://eswim.club/videos/D42400c898.html

5 バタフライのターン

バタフライを長距離泳ぐためには、ターンで休む技術や、ターンでスピードを上げる技術が必要になります。

ここでは2種類のターンを練習します。

（休みながらのターン）

○動作ステップ

①壁から2ストローク分離れた場所からスタート

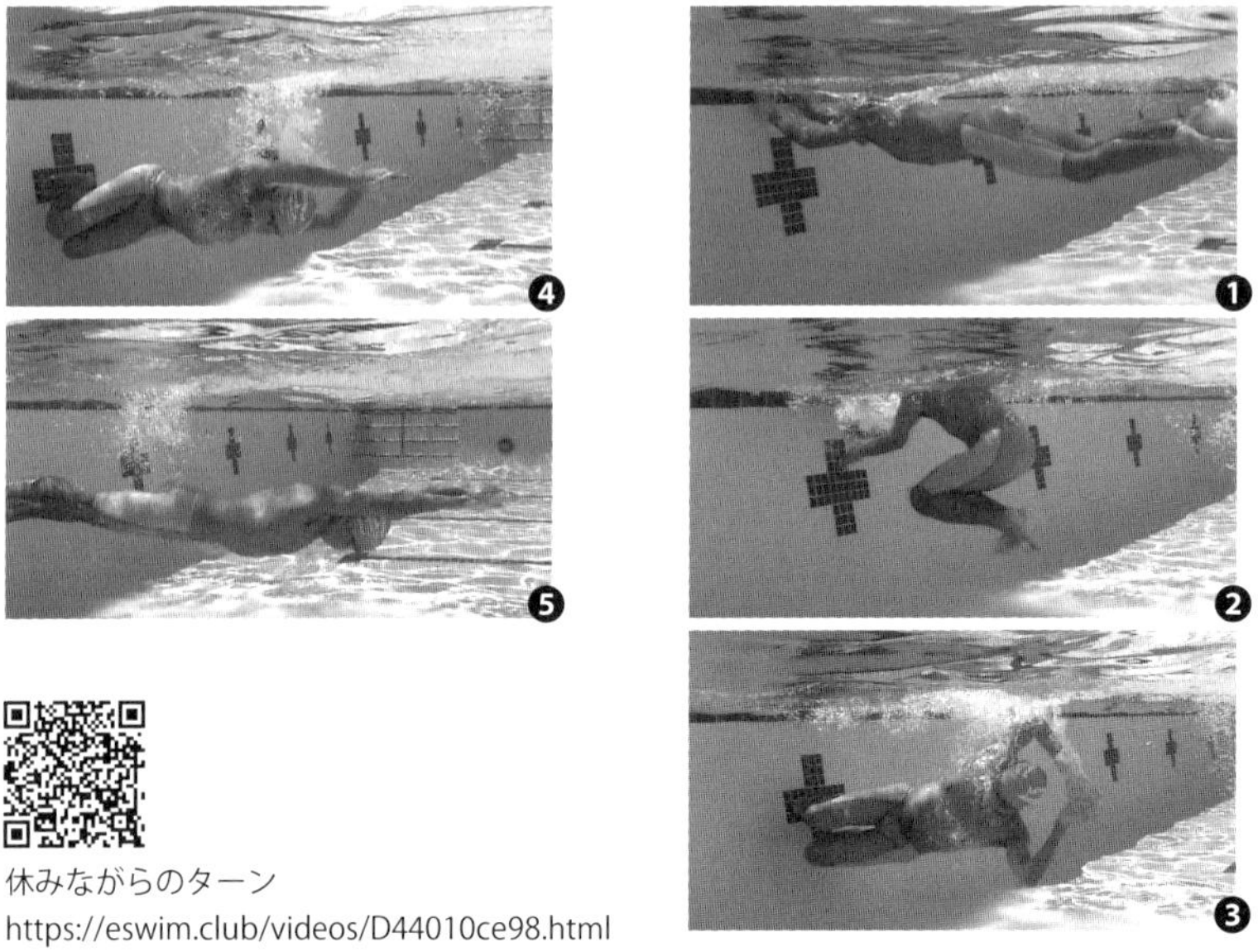

休みながらのターン
https://eswim.club/videos/D44010ce98.html

します。

②最初のストロークは小さく、壁にタッチするストロークは大きく行って、壁に近づくときのスピードを最大にします。

③タッチをしたらその勢いを使ってひざをからだに引き寄せると同時に、上半身を回して横を向きます。

④動作を止めるのではなく、ゆっくり行うことで休みます。

○チェックポイント

壁を蹴る直前に間をとることで、さらに休むことができます。

〔休みを入れないターン〕

休みを入れないターン
https://eswim.club/videos/D44020cfcd.html

○**動作ステップ**

①壁に近づくときのスピードを最大にします。
②タッチしたら片手を残して体を回し始め、残した手を水上で返しながら横を向きます。
③壁を蹴り、からだをひねって下を向きます。

○**チェックポイント**

タッチ直前のスピードと同じスピードで壁を蹴るようにします。

小さく、素早く回るようにします。

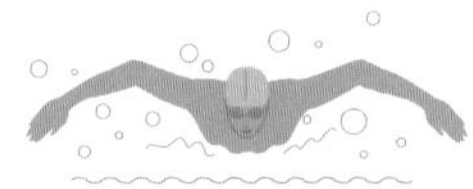

第5章 スピード・バタフライ 100～200メートルを速く泳ぐ

1 速く泳ぐための動作

速く泳ぐための推進力

○水中の手の動き

速く泳ぐバタフライは、スカリングで口を水上に出す点は他のバタフライと同じですが、水中の手を後ろまで運んで水を押すプッシュ動作が加わります。

このプッシュ動作により、上体が水上に飛び出します。

○飛び出すためのキック

プッシュ動作を行うのと同じタイミングで、ゆるめたひざを素早く伸ばして水を押さえて、上体を飛ばすための支えに使います。

○**加速エントリー**

からだの後ろで手を水上に出して、肘を伸ばしたまま素早く前に運んで着水します。このときの勢いを保ったまま、キックしてダイブすることで速度を上げます。

速く泳ぐための手の動かし方

○**水中**

スカリングで水を下に押すことで、口を水上に出します。プッシュでは水を後ろに押しながら、上体を水上に飛ばします。

○**水上**

からだの後ろで手を水上に出したら、勢いよく手を前に運んで着水します。

速く泳ぐための足の動かし方

キックを2回行います。

手を着水した後のキック（第1キックと呼びます）で、深くダイブして滑ります。浮き上がりに合わせたキック（第2キックと呼びます）で、足を支えにして上体を水上に飛ばします。

速く泳ぐためのからだの動かし方

上下動を抑えることで、テンポを速くします。

2 速く泳ぐための学習ステップ

加速エントリー

水上に手を出してから、肘を伸ばしたまま素早く前に運んで着水します。あごを引いてI姿勢で着水することで、キックの後のダイブを加速します。

水中ストロークから飛び出し

水中の手の動きとキックを組み合わせて、上体を水上に飛ばします。

フルフライ

からだの後ろで手を水上に出して前に運ぶ、フルフライの動きを学びます。

3 スピード・バタフライ　ドライランド練習

（加速エントリー（肩の後ろから）**）**

加速エントリー（肩の後ろから）
https://eswim.club/videos/R43510c2f9.html

○動作ステップ

①両手を斜め下、中央より45度の位置に伸ばして手のひらを前に向けます。

②あごを引きながら両手をI姿勢の位置（時計の文字盤の1時と11時）に伸ばします。

○チェックポイント

肘を伸ばしたまま、腕全体を素早く上に運びます。

背中を丸めて両肩の幅を狭めます。

手を上に伸ばしたときに、両手が肩幅より近づかないようにします。

加速エントリーからキックしてダイブ（肩の後ろから）

加速エントリーからキックしてダイブ（肩の後ろから）
https://eswim.club/videos/R43520c12e.html

○動作ステップ

①両手を斜め下、中央より45度の位置に伸ばして手のひらを前に向けます。
②あごを引きながら両手を上に伸ばしてI姿勢を作りながら、ひざをゆるめます。
③ひざを伸ばしながら前傾してY姿勢を作ります。

○チェックポイント

両手を上に伸ばしてからひざをゆるめます。
ひざを伸ばしながら斜め上を向きます。

（水中ストローク）

○動作ステップ

①両手を肩幅で水平面から45度上に伸ばします。
②体重を前にかけて、Y姿勢の位置（時計の文字盤の2時と10時で水平面から45度）に手を伸ばします。
③上体を後傾しながら、肘を曲げてスカリングポイント（4時半と7時半）まで手を動かしたら、あごを引きながら手を素早く斜め下に伸ばします。

○チェックポイント

肘を曲げながらスカリングして、肘を伸ばしてプッシュします。
プッシュするときは、手首をゆるめて肘を素早く伸ばします。

水中ストローク
https://eswim.club/videos/R43530c68f.html

（キックしながらＩ姿勢）

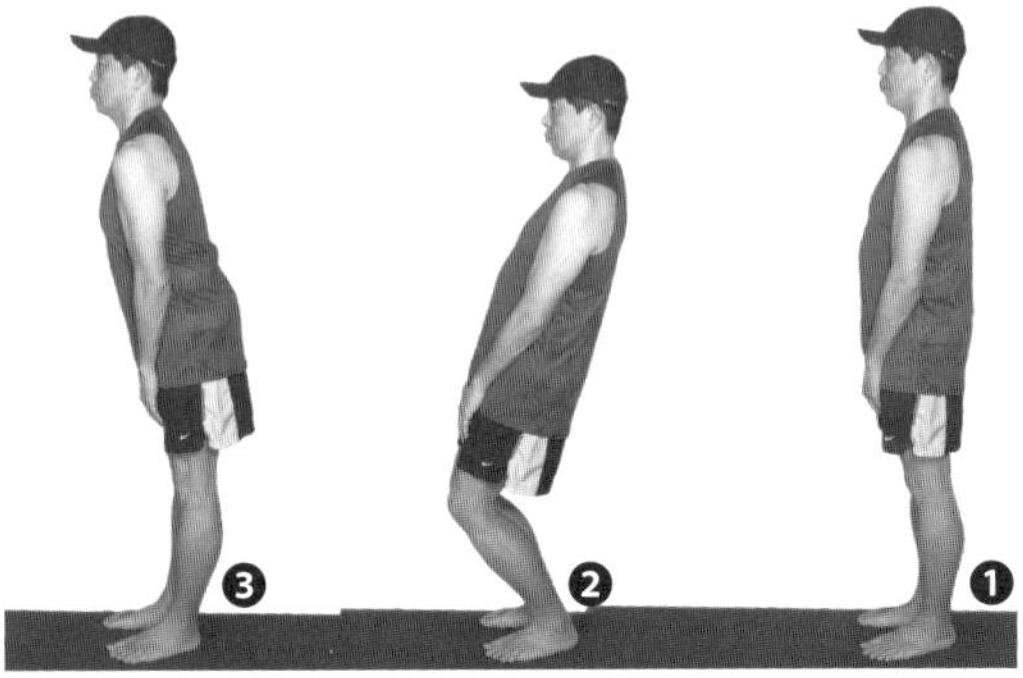

○**動作ステップ**

①両手をももの前に置いて、ひざを曲げます。
②ひざを素早く伸ばしながらＩ姿勢を作ります。

○**チェックポイント**

ひざを伸ばしながら、背中を丸めて両肩を狭めます。

顔の向きを変えません。

キックしながらI姿勢
https://eswim.club/videos/R43540c1c4.html

（キックしながらプッシュ）

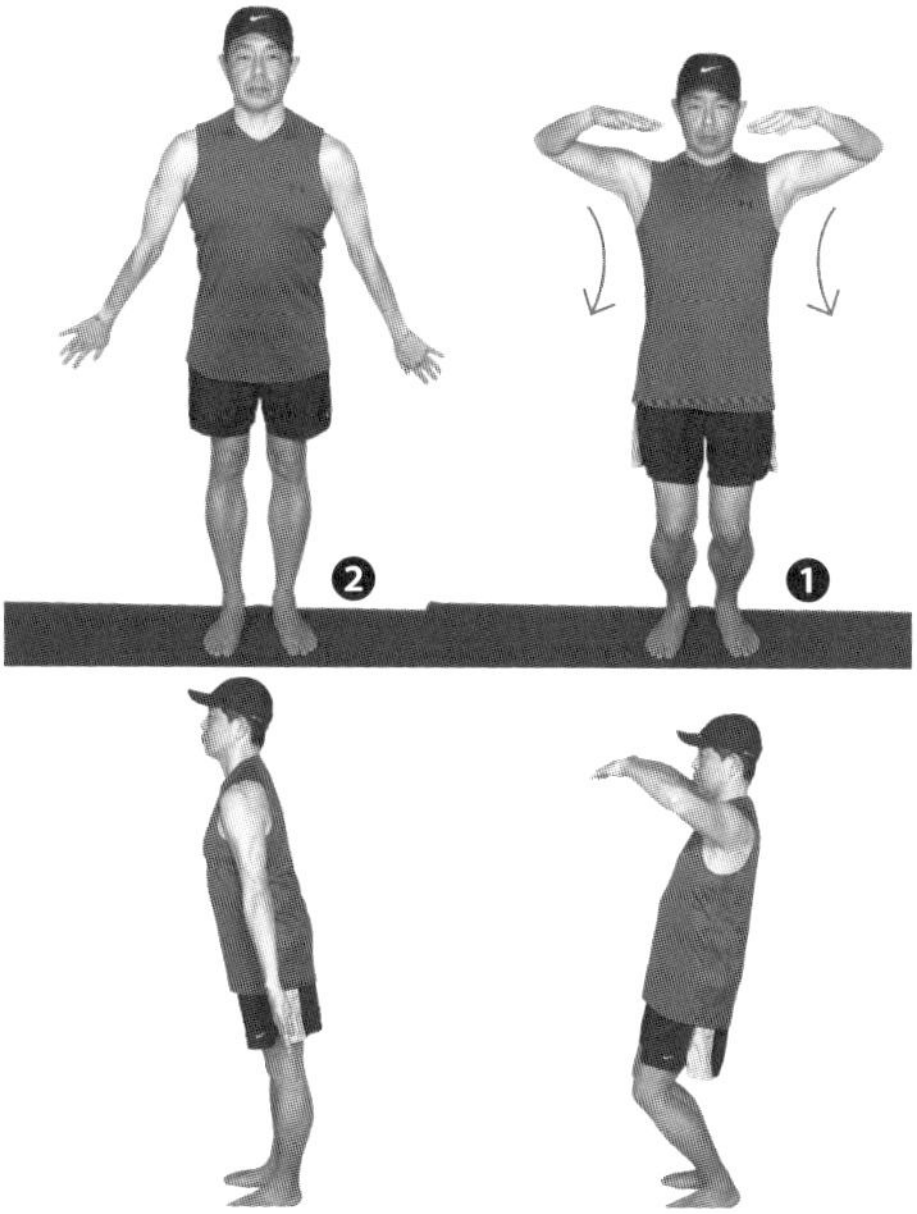

○動作ステップ

①両手をスカリングポイント（時計の文字盤の4時半と7時半の位置）に置いて、ひざを曲げます。

②肘とひざを素早く伸ばしながら、手を斜め下に伸ばしたＩ姿勢を作ります。

○チェックポイント

肘とひざを同時に伸ばします。

両肩を狭めてＩ姿勢を作ります。

キックしながらプッシュ
https://eswim.club/videos/R43550c0f9.html

〈ダイブから飛び出し〉

○**動作ステップ**

①両手を肩幅で水平面から45度上に伸ばします。

②体重を前にかけて、Y姿勢の位置（時計の文字盤の2時と10時で水平面から45度）に手を伸ばします。

③ひざを曲げながらスカリングポイントまでスカリングします。

④肘とひざを素早く伸ばしながら、手を斜め下に伸ばしたI姿勢を作ります。

○**チェックポイント**

スカリングで息継ぎをして、プッシュでからだを飛ばすように手の役割を決めます。

背中を丸めて前を見ながらＩ姿勢を作ります。

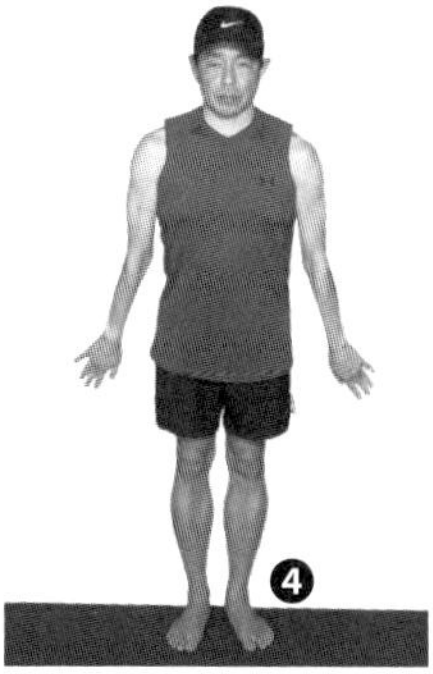

ダイブから飛び出し
https://eswim.club/videos/R43560c32e.html

（飛び出しからリカバリー）

○動作ステップ

①両手を肩幅で水平面から45度上に伸ばします。

②体重を前にかけて、Y姿勢の位置（時計の文字盤の2時と10時で水平面から45度）に手を伸ばします。

③ひざを曲げながらスカリングポイントまでスカリングします。

④肘とひざを素早く伸ばしながら、手を斜め下に伸ばします。

⑤あごを引きながら両手を上にリカバリーしてI姿勢を作ります。

○チェックポイント

下に伸ばした手を素早く反転して上に運びます。手を動かす方向を反転したら、手のひらの向きを下向きにします。

飛び出しからリカバリー
https://eswim.club/videos/R43610c263.html

（フルフライ）

○動作ステップ

①両手を肩幅で水平面から45度上に伸ばします。

②体重を前にかけて、Ｙ姿勢の位置（時計の文字盤の2時と10時で水平面から45度）に手を伸ばします。

③ひざを曲げながらスカリングポイントまでスカリングします。

④肘とひざを素早く伸ばしながら、手を斜め下に伸ばします。

⑤あごを引きながら両手を上にリカバリーしてＩ姿勢を作ります。

⑥ひざを曲げて、伸ばしながら手をＹ姿勢の位置に広げます。

○チェックポイント

曲げた肘を素早く斜め下に伸ばしてプッシュしたら、ただちに肘を上に運んでリカバリーします。

リカバリーでは前を向きます。
曲げた肘と曲げたひざを同時に素早く伸ばします。

フルフライ
https://eswim.club/videos/R43620cd98.html

4　スピード・バタフライ　プール練習

（立位加速エントリーリハーサル）（肩の後ろから）

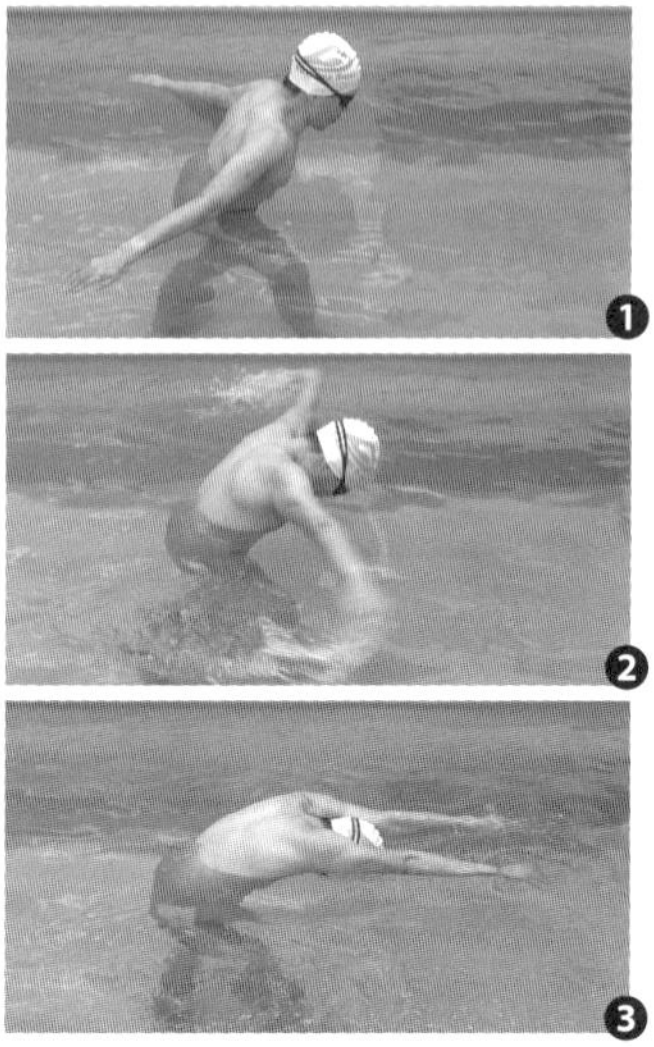

立位加速エントリーリハーサル（肩の後ろから）
https://eswim.club/videos/D43110c4f0.html

○**目的**

リカバリーの手を加速して着水します。

○**動作ステップ**

①両手をからだの横から45度後方に伸ばして、片足を前に出して屈んで立ちます。

②あごを引きながら手を素早く前に運んで、時計の文字盤の1時と11時の位置に手を着水します。

○**チェックポイント**

肘を伸ばしたまま、腕全体を素早く前に運びます。

手を着水するときに、頭頂部を前に向けます。

加速エントリー（肩の後ろから）

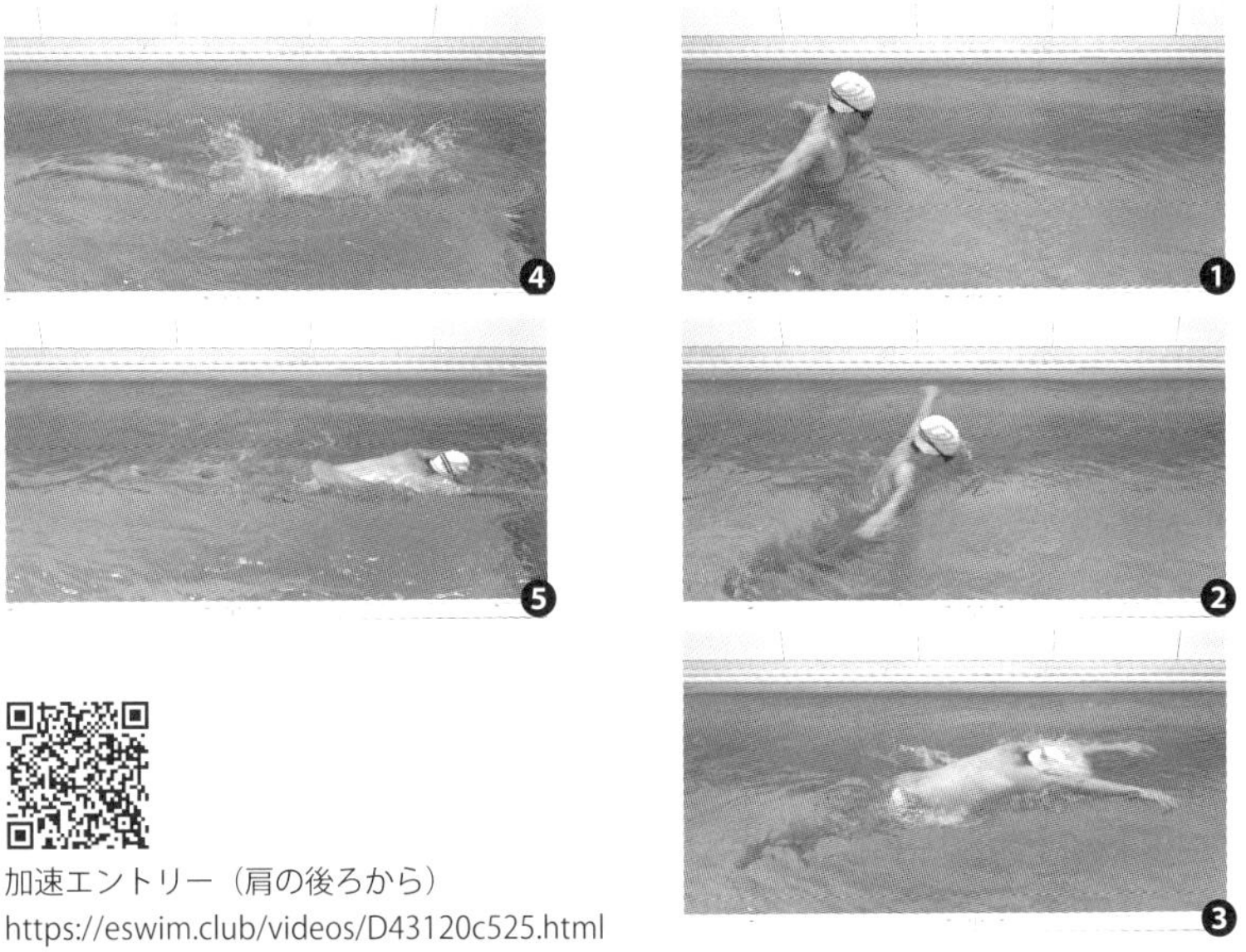

加速エントリー（肩の後ろから）
https://eswim.club/videos/D43120c525.html

○目的

リカバリーの手を加速して着水することで、勢いを作ります。

○動作概要

両手を後ろに伸ばした姿勢から、床を蹴りながら手を素早く前に送って着水します。

○動作ステップ

①両手をからだの横から45度後方に伸ばして、片足を前に出して屈んだ姿勢で立ちます。
②前傾しながら手を素早く前に運びます。
③床を蹴ってから、時計の文字盤の1時と11時の位置に手を着水します。

○チェックポイント

肘を素早く前に運びます。

手を前に動かす勢いを保ちながら手を着水することで、着水後に滑ります。
手を着水した後は水面下15センチメートルに保ちます。

加速エントリーからキックしてダイブ（肩の後ろから）

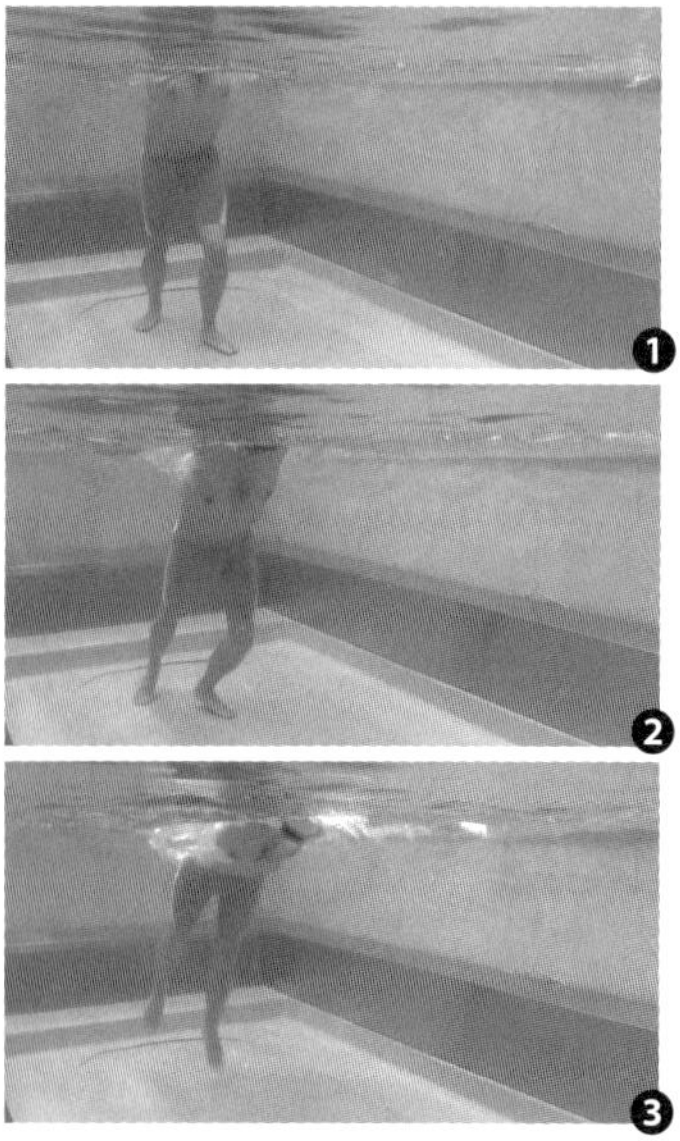

○**目的**
エントリーによる勢いと、キックしてダイブすることによる推進力をつなげます。

○**動作概要**
両手を後ろに伸ばした姿勢から、床を蹴りながら手を素早く前に送って着水して、キックしてからY姿勢で滑ります。

○**動作ステップ**
①両手をからだの横から45度後方に伸ばして、片

加速エントリーからキックしてダイブ（肩の後ろから）
https://eswim.club/videos/D43130c0c4.html

足を前に出して屈んだ姿勢で立ちます。

②前傾しながら手を素早く前に運びます。

③床を蹴ってから、時計の文字盤の1時と11時の位置に手を着水します。

④キックしてY姿勢でグライドします。

○チェックポイント

手を前に伸ばしながら着水します。

エントリーでは手に体重をかけずに着水するだけにとどめて、キックしてY姿勢を作るときに手に体重をかけます。

（立位水中ストロークリハーサル）

❶

❷

❸

❹

立位水中ストロークリハーサル
https://eswim.club/videos/D43210c363.html

○目的

からだが前に飛び出るように、水中で手を素早く後ろに動かします。

○動作ステップ

①（両手練習）屈んでY姿勢の位置に手を伸ばして立ち、からだを起こしながら手でスカリングしたら、スカリングポイント（時計の文字盤の4時半と7時半の位置）から手を後方に素早く伸ばします。

②（ボビング練習）両手をY姿勢の位置に伸ばしながら頭を沈めて、スカリングしながら上体を起こして息継ぎをしたら、手を後方に素早く伸ばします。（図❶～❹）

○チェックポイント

手を後方に伸ばしたときに、背中を丸めてＩ

姿勢を作ります。
　斜め下を向いて手を動かし始めて、手を後方に伸ばすときに下を向きます。

（ダイブから水中ストローク）

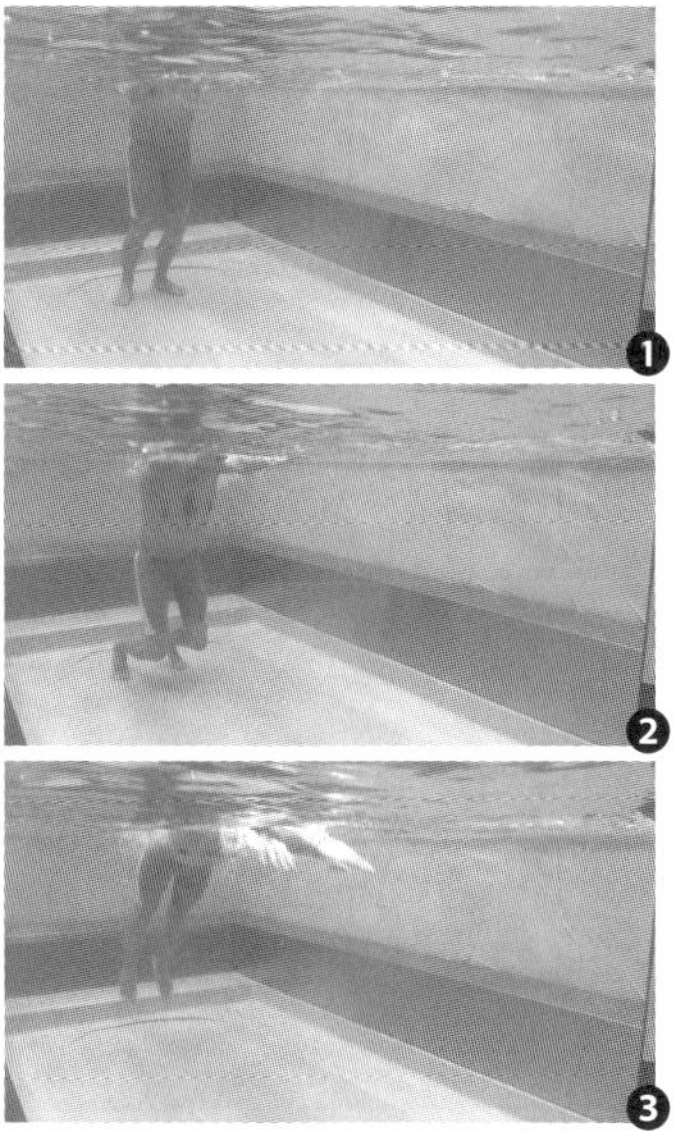

○目的
　からだの浮き上がりに合わせて水中の手でスカリングして上体を上げて、プッシュでからだを前に運びます。

○動作概要
　床を蹴ってからだを沈めてから、からだの浮き上がりに合わせてスカリングして、手を後方に動かすプッシュで滑ります。

○動作ステップ

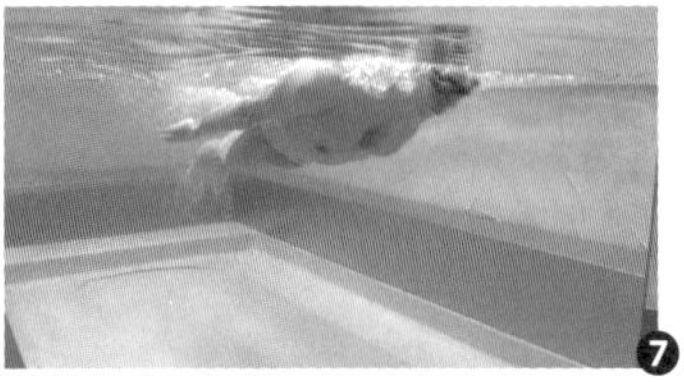

ダイブから水中ストローク
https://eswim.club/videos/D43220cc98.html

①両手前ダイブでスタートして、Y姿勢で滑ります。

②からだの浮き上がりに合わせて、スカリングして上体を上げます。

③手を後方に素早く伸ばすプッシュ動作で、からだを前に運びます。

○チェックポイント

顔を水上に出さないで、前に進むことに集中します。

肘を曲げるスカリングで上体を上げて、肘を素早く伸ばすプッシュでからだを前に運びます。

プッシュでは、スカリングポイントから水面に向かって手を動かします。

（キックしながらI姿勢）

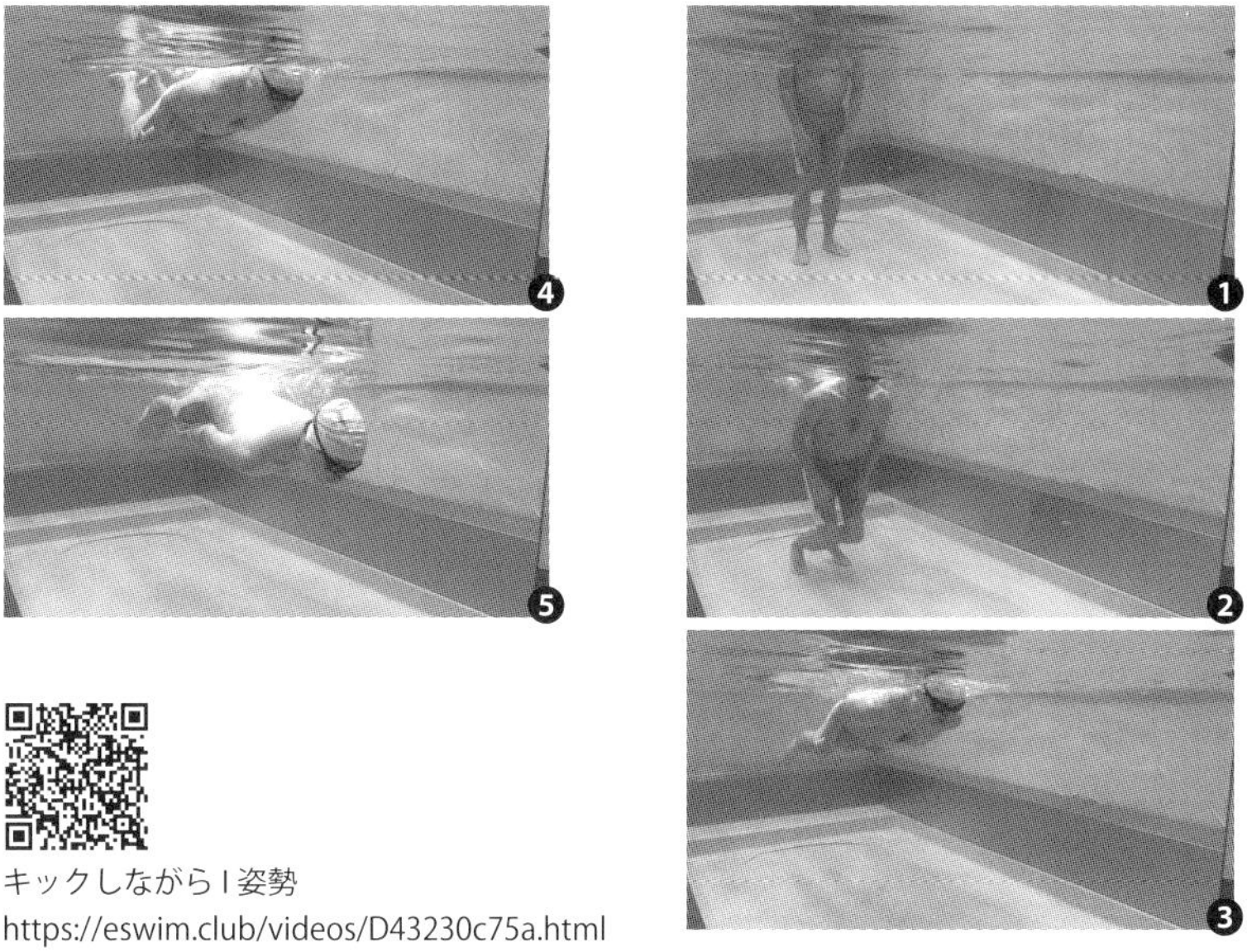

キックしながらI姿勢
https://eswim.club/videos/D43230c75a.html

○目的

Ｉ姿勢で飛び出せるように、キックでからだをＩ姿勢にします。

○動作概要

両手をももの前に置いて床を蹴ったら、キックしながらＩ姿勢を作ります。

○動作ステップ

①両手をももの前に置いた直立姿勢で立ちます。
②ひざを曲げてかかとを上げながら、体重を前にかけて倒れます。
③顔が水没したら、下を向いて床を蹴ります。
④Ｉ姿勢を作りながら、ひざをゆるめます。
⑤ひざの裏を素早く伸ばしてキックしながら、からだを前に運びます。

（キックしながらプッシュ）

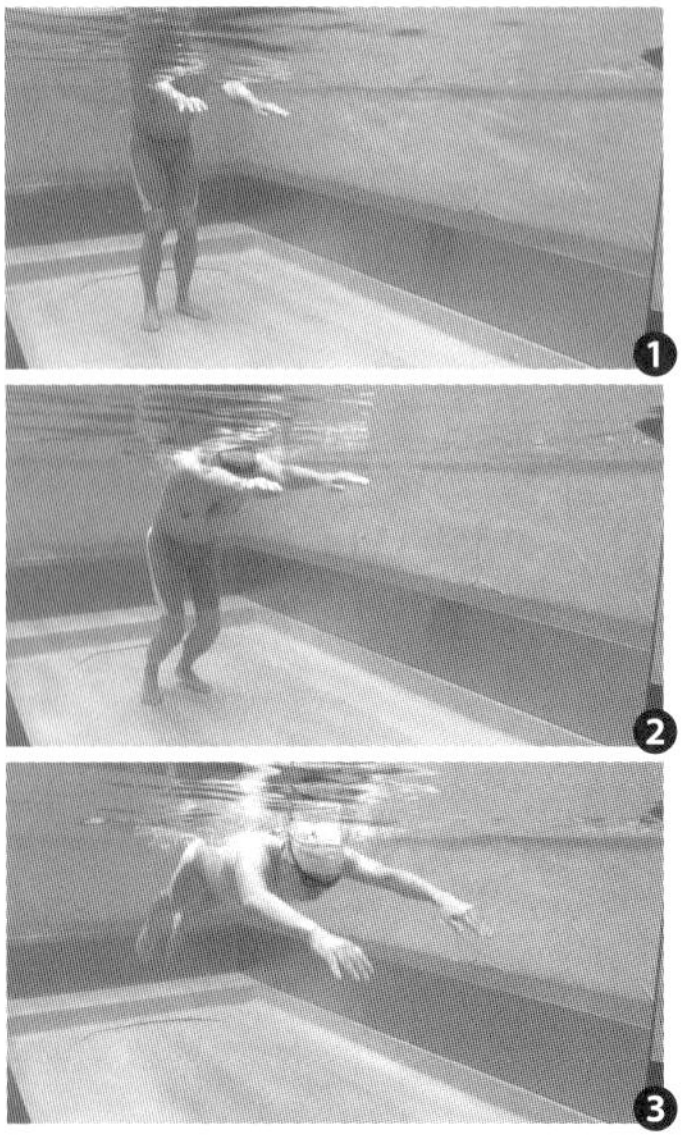

○チェックポイント

キックをした後も、からだが水面近くの浅い位置にとどまるようにします。

キックをした後も、顔を下に向けたままにします。

○目的

水中のプッシュの手の動きをキックにつなげます。

○動作概要

スカリングポイントから、キックをしながら両手でプッシュします。

○動作ステップ

①両手前グライドでスタートします。

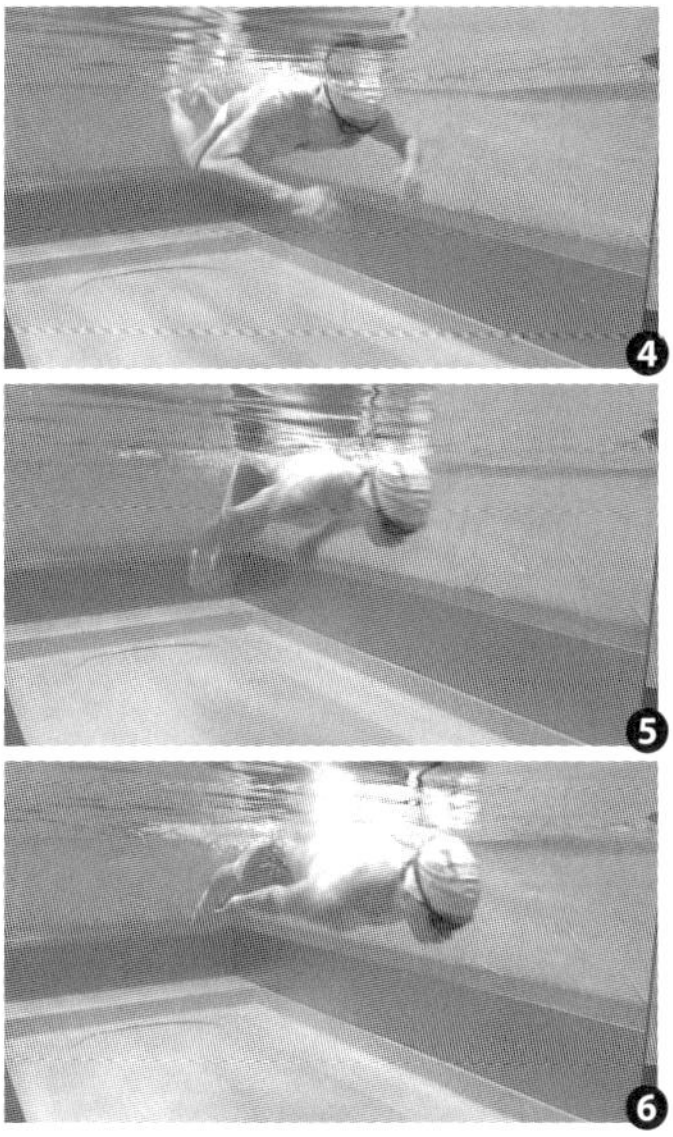

キックしながらプッシュ
https://eswim.club/videos/D43240c0f9.html

②両手をスカリングポイントまで運びながら、I姿勢を作ってひざをゆるめます。
③ひざの裏を素早く伸ばしてキックをしながら、肘を素早く伸ばしてからだを前に運びます。

○**チェックポイント**
水面近くの浅いところでからだを前に運びます。顔を沈めたまま行って、からだの上下動を減らします。

（ダイブから飛び出し）

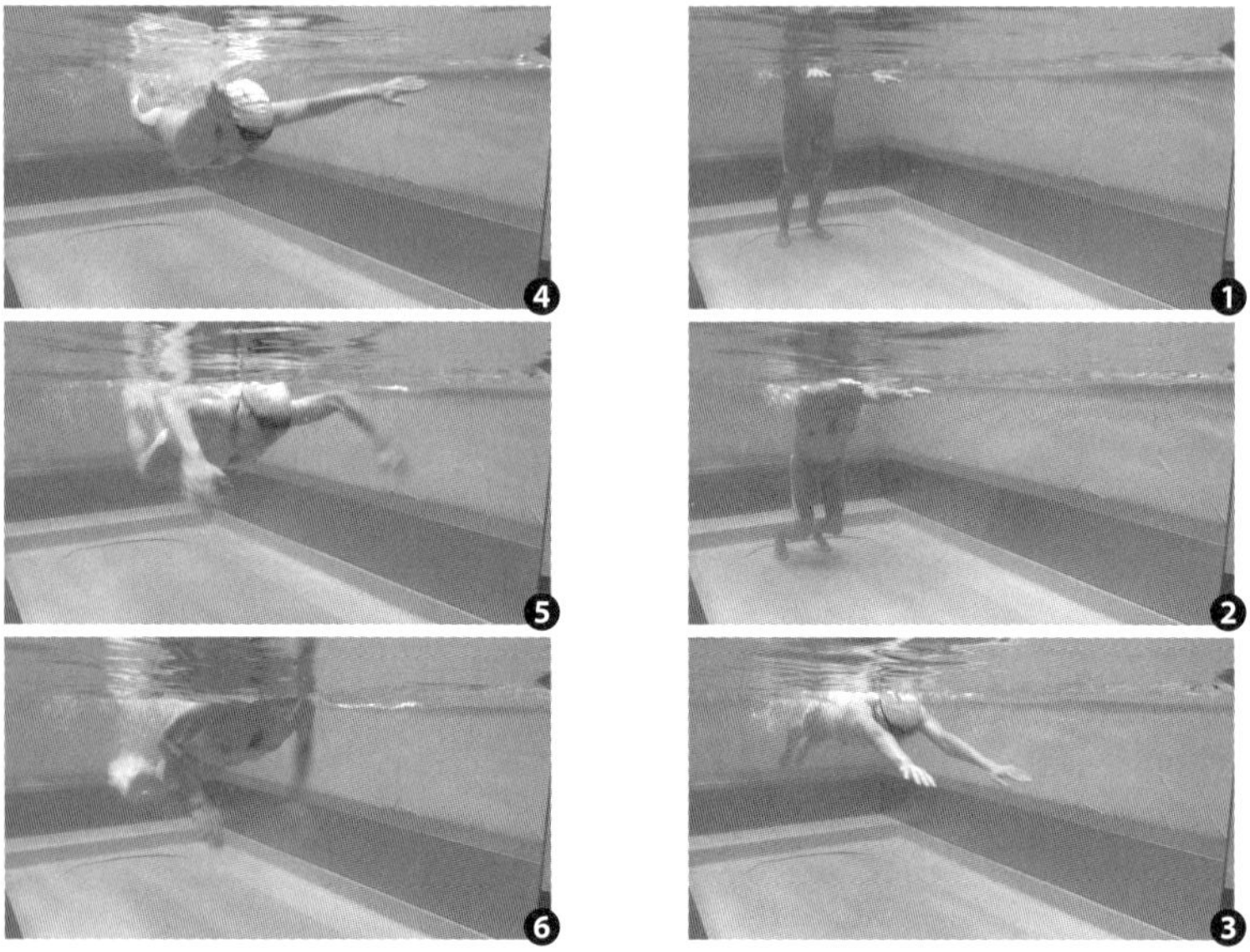

○**目的**

水中のプッシュとキックを使って、水上に飛び出して息継ぎをします。

○**動作概要**

床を蹴ってからだを沈めてから、からだの浮き上がりに合わせてキックしながら水上に飛び出して息継ぎをします。

○**動作ステップ**

①両手前ダイブでスタートして、Y姿勢で滑ります。

②からだの浮き上がりに合わせて、スカリングして上体を上げます。

③キックしながら手を後方に素早くプッシュして息継ぎをします。

④からだが一直線になった姿勢で前に倒れ込みま

ダイブから飛び出し
https://eswim.club/videos/D43250c263.html

す。

○チェックポイント

からだの浮き上がりとスカリングを使って上体を上げて、プッシュとキックを使って水上で前に飛びます。

顔の向きは斜め下を見たままを保って前を向かないようにします。

スカリングするときには、肘をできるだけ高い位置に保ちます。

（立位飛び出しからリカバリー）

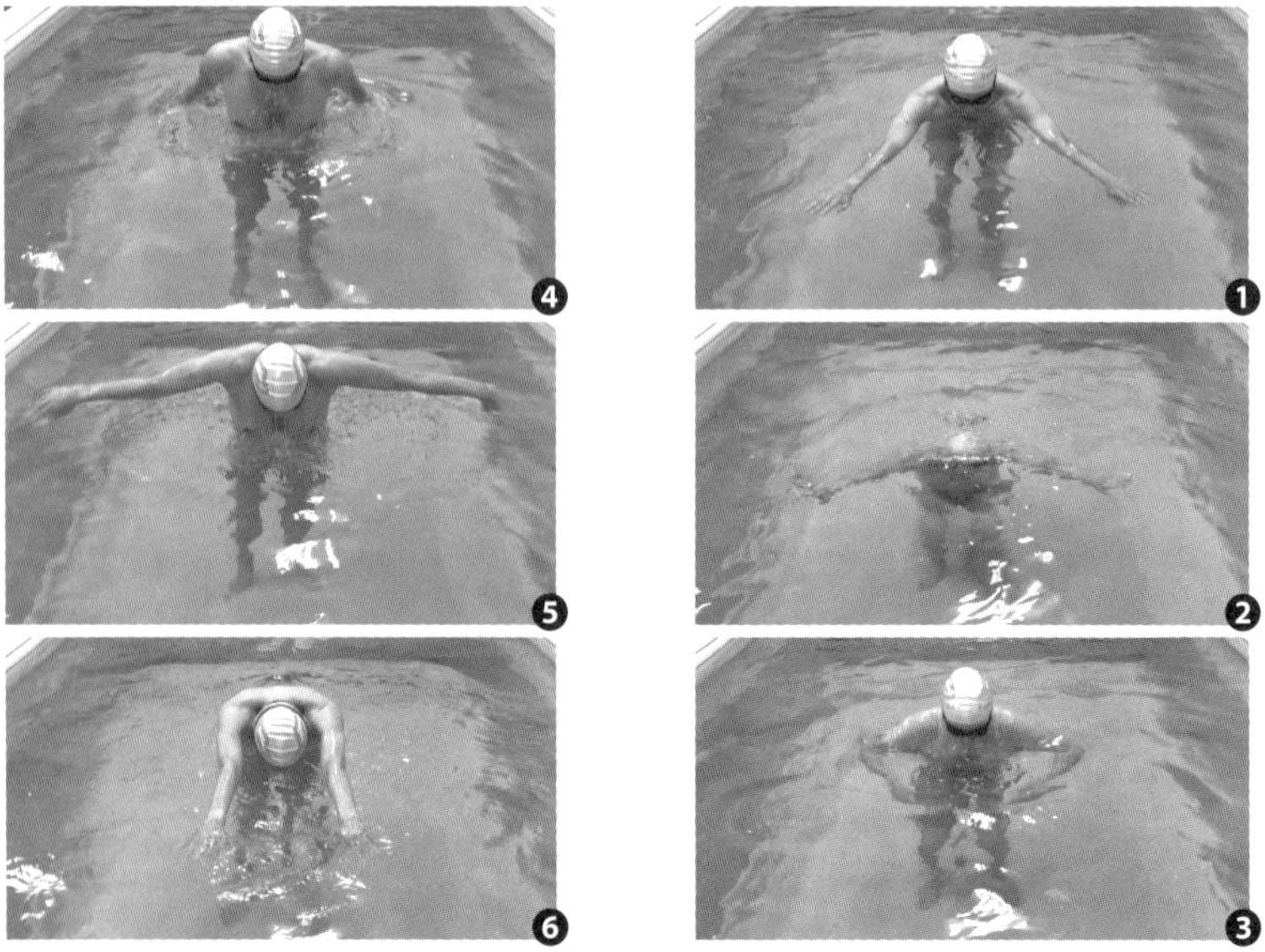

○目的

からだが前に飛び出るように水中で手を素早く後ろに動かしてから、素早くリカバリーしてからだの前で手を着水します。

○動作ステップ

①（両手練習）屈んでY姿勢の位置に手を伸ばして立ち、スカリング、プッシュ、リカバリーしてからだの前で手を着水します。

②（ボビング練習）両手をY姿勢の位置に伸ばしながら頭を沈めて、上体を上げながらスカリング、プッシュ、リカバリーしてからだの前で手を着水します。（図❶～❻）

○チェックポイント

プッシュで手を後ろに伸ばしたら、手の方向を素早く変えて前に動かしながら手を水上に出します。

手を動かす方向を反転したら、手のひらの向きを下向きにします。

立位飛び出しからリカバリー
https://eswim.club/videos/D43310c45a.html

（立位フルフライリハーサル）

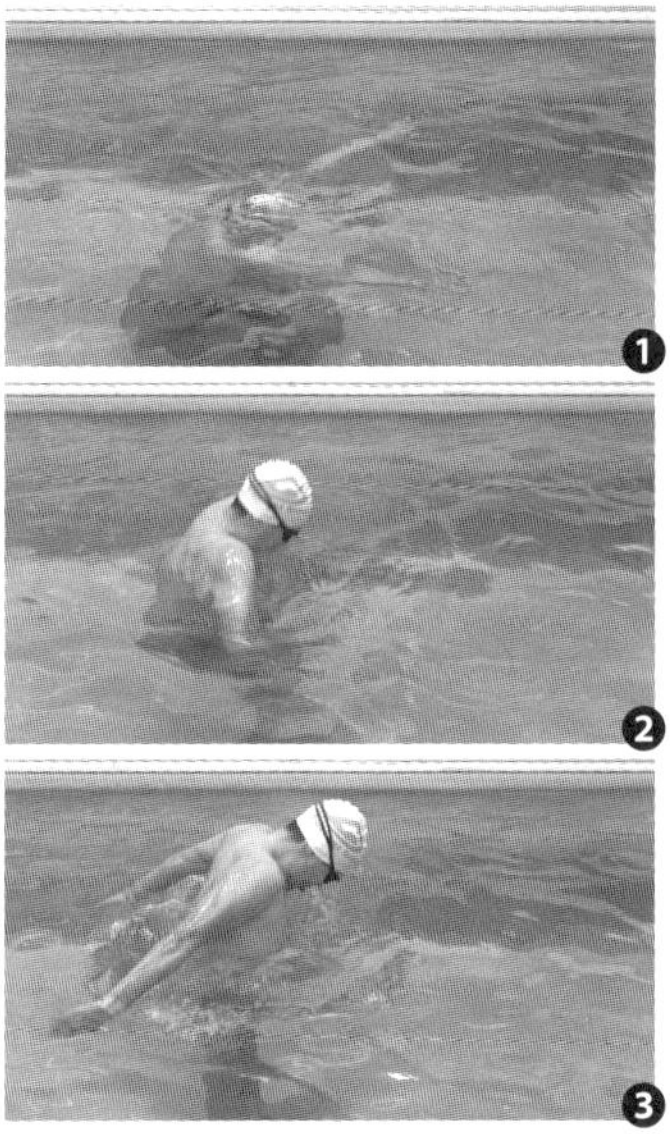

○**目的**

からだの後ろで手を水上に出す、フルフライの動きを練習します。

○**動作ステップ**

①（両手練習）屈んでY姿勢の位置に手を伸ばして立ち、スカリング、プッシュ、リカバリーしてからだの前で手を着水したら、ひざを曲げ伸ばして手をY姿勢の位置に広げます。

❹

❺

❻

❼

立位フルフライリハーサル
https://eswim.club/videos/D43320c02e.html

②（ボビング練習）両手をY姿勢の位置に伸ばしながら頭を沈めて、上体を上げながらスカリング、プッシュ、リカバリーしてからだの前で手を着水したら、ひざを曲げ伸ばして手をY姿勢の位置に広げます。（図❶～❼）

○チェックポイント

スカリングを始めたら、着水するまでI姿勢を保ちます。

手を後ろに伸ばしたら直ちに方向を変えて、手を水上に出しながら前に運びます。

着水してからひざを曲げ伸ばしします。

（ダイブからフルフライ）

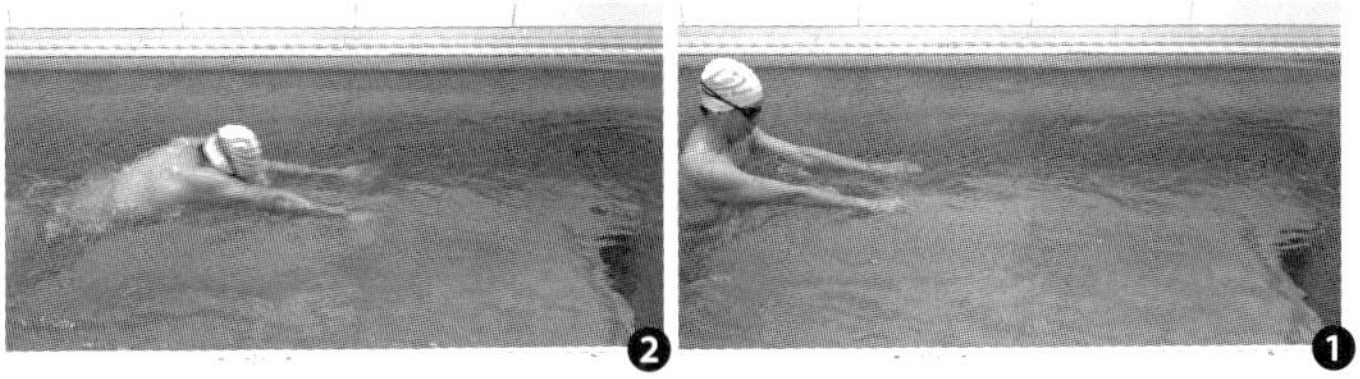

ダイブからフルフライ
https://eswim.club/videos/D43330ce98.html

○目的

からだを沈めてから、浮き上がりに合わせてキックを入れて1回ストロークします。

○動作概要

床を蹴ってからだを沈めてから、からだの浮き上がりに合わせてキックしながら水上に飛び出して息継ぎをして、リカバリーで手を水上で前に運んで着水します。

○動作ステップ

①両手前ダイブでスタートして、Y姿勢で滑ります。
②からだの浮き上がりに合わせて、スカリングして上体を上げます。
③キックしながら手を後方に素早く伸ばして息継ぎをします。

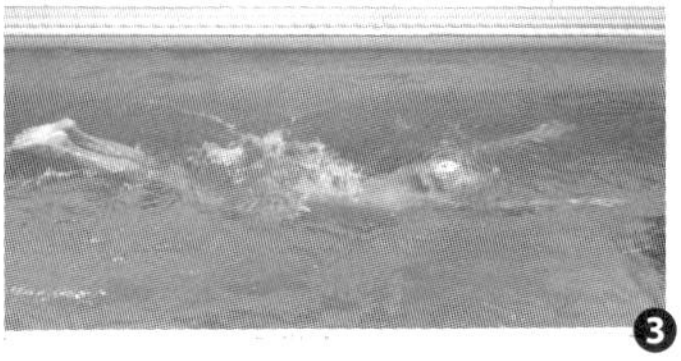

④リカバリーして手をからだの前で着水します。

○チェックポイント

スカリングするときは肘を水面に近づけて、手を水上に出しやすくします。

スカリングで上体を上げて、プッシュとキックでからだを前に飛ばします。

両肘と両ひざを同時に素早く伸ばしてからだを前に飛ばします。

顔が水上に出るまで顔の向きを変えません。

手を前に着水するときには下を向きます。

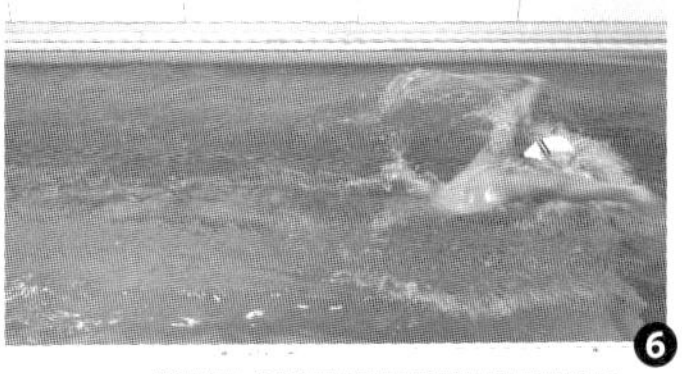

❻

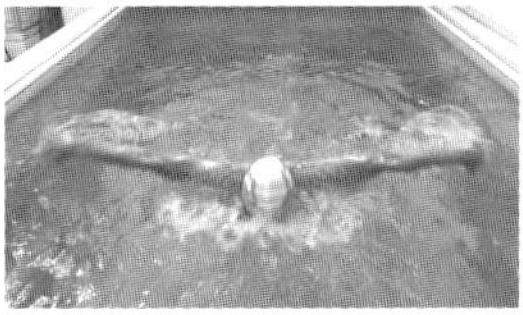

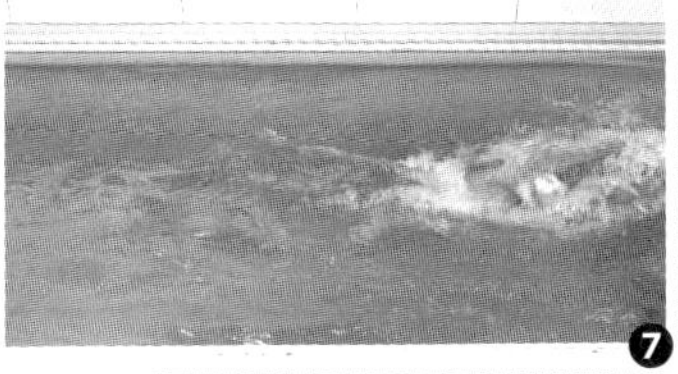

❼

（ダイブからフルフライ3回）

○目的

泳ぎ始めからのフルフライの動きを練習します。

○動作概要

からだを沈めてから、浮き上がりに合わせてキックを2回入れたストロークを3回繰り返します。

○動作ステップ

①両手前ダイブでスタートして、Y姿勢で滑ります。

②浮き上がりに合わせてスカリングを始めて、キックに合わせて水上に飛び出して息継ぎします。

③リカバリーして手を前に着水したら、キックしてY姿勢でグライドします。

④一連の動作をさらに2回繰り返します。

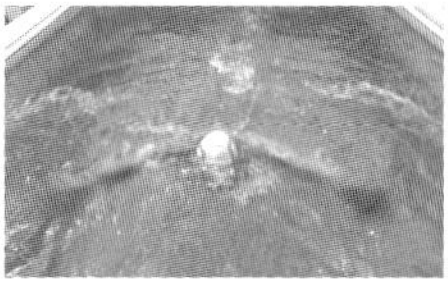

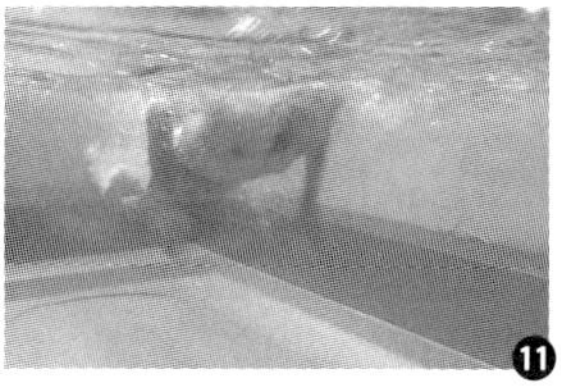

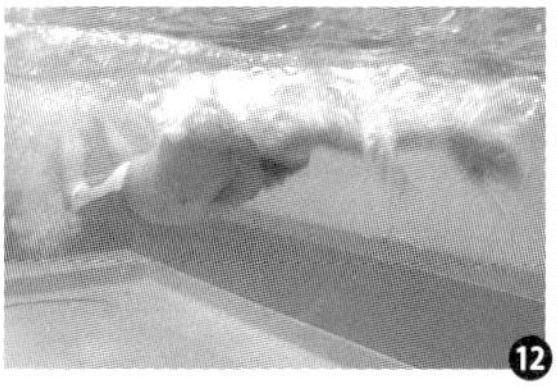

○チェックポイント

水中で前を見るとからだが急浮上して前に進まないので、下を見ながら上体を上げて顔を水上に出します。

あごが水面についたままの低い姿勢で息継ぎをします。

水上に手を出す位置を手前にすると、早いタイミングでリカバリーして早めに手を着水することができます。

水中での手の動きから水上への手の動きにすぐに反転できるように、肘を高い位置に保ちながら水中で手を動かします。

ダイブからフルフライ３回
https://eswim.club/videos/D43340cfcd.html

（スピード・バタフライ完成形）

○チェックポイント

からだの上下動を小さくすることで、テンポを速くします。

水上の手を素早く前に運んで、着水するときに前向きの勢いを増やします。

息継ぎをするときのキックは、頭を上げるためではなく上体を前に飛ばすために行います。

Y姿勢でグライドするためのキックは、上体を沈めてから前に向きを変えるために行います。

スピード・バタフライ完成形
https://eswim.club/videos/D43400c2f9.html

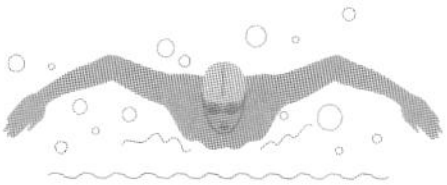

第6章 目標・距離別練習メニュー

1 練習のデザイン

ドライランド練習とプール練習のバランス

①ラクラク・バタフライ

ラクラク・バタフライでは、多くの新しい姿勢や動きをドリルで覚えることが必要です。このためドライランド練習を1日10~20分程度、週3~4回程度集中的に行います。

プール練習では、最初は立ったまま行う練習が中心になるので、ドリルを10分程度行ったらバタフライを2~3ストローク泳いで、ドリルの効果を確認します。なおからだが冷えそうになったら水中ウォーキングやクロールに切り替えます。

②ロング・バタフライ

ロング・バタフライでは、これまで身につけてきた動作の組み合わせが多いため、ドライランド練習を1日10~20分程度、週2~3回程度行います。2週間もすれば陸上で正しい動きが一通りできるようになるでしょう。

長く泳ぐためには、持久力を高めることが必要です。短期間で200メートル程度を続けて泳げるようにするためには、最低週3回はプールで最低30分練習することをお勧めします。

③スピード・バタフライ

スピード・バタフライでは、さまざまな動きをスピードアップにつなげることが目的なので、ドライランド練習は1日10~20分程度、週1~2回で2週間も行えばよいでしょう。

現在のバタフライをどの程度速くしたいかによりますが、プール練習は週3回以上、1時間程度の練習を行います。

ドリル練習とバタフライ完成形練習のバランス

プールで行う練習には、ドリル練習とバタフライを泳ぐ完成形練習の2種類があります。

姿勢や動きを覚えるための繰り返し練習はドライランド練習で十分なので、プールのドリル練習では、水中で行うことで得られる感覚や、水中で正しく行うために気をつけることを確認しながら練習します。

最初はドリルを6~7割、バタフライを3~4割の割合で練習しますが、正しい姿勢や動きがわかってきたらドリルの割合を1~2割に減らして、残りはバタフライを泳ぎます。

バタフライ完成形練習の高度化ステップ

バタフライを泳ぐ完成形練習は、ラクラク・バタフライでは2～3ストロークから始めます。正しくできるようになったと感じたら、ストローク数を増やしてプールの半分（12・5メートル）まで、さらに25メートルと距離を伸ばします。

ロング・バタフライではまず短い距離で意識する点を決めて、正しくできたかどうかを評価して修正します。次に短い距離の繰り返し練習から、繰り返し回数の増加、1回に泳ぐ距離の延長というように組み合わせて次第に距離を伸ばします。さらに泳ぐ距離や休憩時間を段階的に変化させる練習を取り入れることで、持久力の向上やスピードアップが達成できるようにします。

スピード・バタフライでは、ストローク数を変える練習を中心に行います。加速を上げてストローク数を減らした後に、ストローク数を増やしてテンポを速くすることで、空回りを抑えてスピードアップすることができます。

2 プール練習の種類

ドリル練習

ドリル練習は、特定の技術を身につけるために動作を限定して行う練習です。

スタートするときには壁を蹴らずに、床を蹴ります。足が沈み始めたら立って、一連の動作を繰り返します。

チェックポイント練習

バタフライを泳ぐチェックポイント練習では、まず2～3ストロークを泳ぐことから始めます。意識するポイントを決めて泳いで、泳いだ後に意識した通りできたかどうかを確認します。

最初は壁を蹴る勢いを使わないで、床を蹴って泳ぐことを繰り返します。1回に25メートルプールの半分ぐらいまで泳ぐようになったら、壁を蹴ってスタートします。

ストローク・コントロール練習

○目的

ストローク数をコントロールして、最終的には目標タイムを達成するためのストローク数で目標の距離を泳げるようにします。

ストローク数は両手を着水するときに1と数えます。

なお壁にタッチするときは、ストローク数を減らすために必要以上にグライド姿勢のままで前に進まないようにします。

○身につける技術

ストローク数を一定にして劣化を抑える技術

加速を上げてストローク数を減らす技術
空回りしないでストローク数を増やす技術

○**段階的目標**

①ストローク数を変えずに泳ぐことができるようにします。最初は短い距離を複数の回数で泳いで、次第に距離を長くします。

②目標ストローク数プラスマイナス1の中から、決めたストローク数で泳ぐことができるようにします。

③目標ストローク数マイナス1からプラス1、目標ストローク数プラス1からマイナス1のように、連続してストローク数を変化することができるようにします。

④①〜③を達成したら、目標ストローク数自体を1減らして①〜③を繰り返します。

○**ステップ**

①ストローク数を数える

両手を着水するときにカウントします。

複数のラップ（25メートルプールで50メートル以上）を泳ぐときは、ラップごとにカウントします。つまり1つのラップでストローク数を数えたら、ターンをした次のラップでは0から始めます。

複数のラップでストローク数を覚えるときは、最初のラップのストローク数だけ覚えて、あとは前のラップと比べた増減の分だけ覚えると覚えやすくなります。

②ストローク数を一定にする

この練習における目標は、第2ラップ以降のストローク数を一定にすることです。ストローク数を一定にするために、意識することを決めて泳ぎます。

また距離が伸びるに従って意識を変える必要があれば、それも記録しておきます。

③ストローク数を減らす

ストローク数を減らす練習では、グライド時間を延ばすために加速を上げます。

意識して泳ぎを変えることでストローク数を減らすことができたら、その意識を「泳ぎを変えることができる道具」として記憶します。道具として記憶しておくことで、いつでも取り出して（思い出して泳ぎを変えることで）目的のストローク数にすることができるようにします。

④ストローク数を増やす

ストローク数を増やす練習では、空回りを防いでテンポを速くします。

テンポを速くするためには、動作を速くするだけでなく、動かす距離を短くしたり、タイミングを早くしたりすることも試します。

意識してストローク数を増やすことでタイムが縮まったら、道具として記憶します。

⑤ストローク数を変える

ストローク数を変える練習の目的は、空回りを防いでテンポを速くすることです。

このためまずストローク数を減らして加速を上げて、次にストローク数を増やしてテンポを速くします。

このようにタスクを段階的に変化させる練習を「ピラミッド」と呼びます。

ストローク・ピラミッドでは、ストローク数をまず現在のストローク数より1少なくしてから、現在のストローク数まで戻して、さらに現在のストローク数より1多くすることで速く泳げるようにします。

■レスト練習

○目的

休憩時間を次第に短くすることで、続けて泳ぐ状態に近づけます。

○身につける技術

短い休憩時間で体力を回復する技術

短い休憩時間で意識を集中する技術

○目標

休憩時間を減らしてもストローク数を変えないようにします。

○ステップ

①次第に休憩時間を短くする

休憩時間を45秒、30秒、15秒と短くします。同時に達成する課題として、ストローク数を同じ（最初のラップはストローク数をマイナス1）にします。

休憩時間が短くなるに従って、大きな深呼吸で空気を入れ換えるとともに、次に泳ぐためのポイントを一つに絞ります。

ディスタンス練習

○目的

効率を保ったまま短い距離を繰り返し泳ぐことで、1回に長い距離を泳げるようにします。また距離が伸びてもペースが落ちない（劣化しない）泳ぎを作ります。

○身につける技術

劣化を抑える技術

ストローク数を一定にする技術

○段階的目標

①短い距離を繰り返し泳いでもストローク数を変えない

②次第に距離を伸ばしてもストローク数を変えない

○ステップ

①距離と回数の組合せ

最初に、ストローク数やペースがコントロールできる程度の距離を繰り返し泳ぎます。

ここでタスクとしてストローク数を一定にします。

最初のラップのみ、設定したストローク数マイナス1で泳ぎます。

泳ぐ時間や距離が長くなると、疲れや注意力の散漫によってストローク数が増えてタスクが達成できなくなるので、道具を使ってストローク数を元に戻します。

最初は短い距離×10～20回の組み合わせで始めます。

タスクが達成できたら1回に泳ぐ距離を伸ばすとともに回数を減らして、同じように繰り返します。

【バリエーション】

1回に泳ぐ距離を伸ばす

回数を増やす／減らす（距離を伸ばすとき）

設定ストローク数を減らす

②次第に距離を伸ばす

次に、25メートル、50メートル、75メートル、100メートルというように次第に距離を伸ばします。

休憩時間は30秒程度とします。

距離の増加に伴って疲れるので、タスクを達成するためにより高度な対応が必要になります。

③次第に距離を短くする

最後に、100メートル、75メートル、50メートル、25メートルというように次第に距離を短くします。

より短い時間で終わることがわかっているので、ストローク数は設定せずにより速く泳ぐことをタスクにします。

スプリント練習

○目的

スプリント練習は、最も速いスピードで泳げる距離を伸ばすことが目的です。

短距離のレースに加えて、長距離泳のラストスパートにも使えます。

○身につける技術

キレを上げる技術

パワーを推進力につなげる技術

加速をコントロールする技術

○段階的目標

①短い距離を繰り返し泳ぎながら、遅いテンポで加速を上げてから、テンポを一気に早くしてスピードを上げる。

②泳いでいる途中でスピードを一気に上げる。

○ステップ

①遅いテンポから速いテンポにする

短い距離を何回か泳いで、遅いテンポから速いテンポに切り替えます。ストローク数を2～3増やして、空回りに気をつけながらできるだけ速いテンポにします。

②途中で急加速する

1回のラップの前半はゆっくり加速を上げて泳いで、後半はテンポを60～80パーセント速くして泳ぎます。

3　ラクラク・バタフライ　練習メニュー

ラクラク・バタフライ　練習メニューについて

○練習メニューの目的

練習メニューは、プールで練習するときに行う内容を示した表です。以下のページにアクセスして入手してください。（ユーザー登録をお願いします。書籍『革命バタフライ』サポートページ　https://eswim.jp/books/rb.html）

全部で12種類の練習メニューがあります。毎週3回練習するとして1か月分あります。

基本的には泳ぐ距離、泳ぐ本数と泳ぐときのタスク（意識するポイントや達成する内容）が記載されています。またドリル練習の場合、ドリルの手順や見本ビデオを再生するためのリンクが示してあります。

ラクラク・バタフライでは、1か月の練習で25メートルをラクに泳げるようにメニューが構成されています。また50メートルや100メートルを泳ぐこともチャレンジとして含まれています。

1週間に4回以上プール練習できるときは、どんどん先に進むのではなく、同じ週の練習メニューを復習として繰り返し練習する方が効果的です。

○基本的な練習方法

プール練習当日に、該当するドリルのドライランド練習を行ってください。見本ビデオを見ながら、鏡の前で練習すると非常に効果的です。なおプール練習がない日にもドライランド練習を行うと、姿勢や動きが早く覚えられます。

プール練習の直前に、該当するプールドリルの見本ビデオを見てドリルのやり方を理解してください。

ドリルを練習するときは、足が沈み始めたら途中で立ってドリルを繰り返します。

最初はドリル練習の後で、バタフライを1~2ストローク泳いでみます。ドリルで得られた意識や感覚が、バタフライでも得られるかどうかを確認してください。後半ではストローク数を次第に増やします。

ラクに泳げると感じたら、メニューに記載されているストローク数を増やして泳いでみましょう。25メートルがラクに泳げるようになれば、ラクラク・バタフライの目標は達成です。次のロング・バタフライにチャレンジしましょう。

4 ロング・バタフライ　練習メニュー

ロング・バタフライ　練習メニューについて

○練習メニューの目的

練習メニューは、プールで練習するときに行う内容を示した表です。以下のページにアクセスして入手してください。（ユーザー登録をお願いします。書籍『革命バタフライ』サポートページ https://eswim.jp/books/rb.html ）

全部で12種類の練習メニューがあります。毎週3回練習するとして1か月分あります。

基本的には泳ぐ距離、泳ぐ本数と泳ぐときのタスク（意識するポイントや達成する内容）が記載されています。またドリル練習の場合、ドリルの手順や見本ビデオのQRコードが示してあります。

ロング・バタフライでは、最終的に1回のプール練習の合算距離で1500メートルをラクに泳げるようにメニューが構成されています。1回に泳ぐ距離は200メートルが最長です。

1週間に4回以上プール練習できるときは、どんどん先に進むのではなく、1回でどのくらいの長さや時間まで泳ぐことができるか試してみましょう。

○基本的な練習方法

プール練習当日に、該当するドリルのドライランド練習を行ってください。見本ビデオを見ながら、鏡の前で練習すると非常に効果的です。なおプール練習がない日にもドライランド練習を行うと、姿勢や動きが早く覚えられます。

プール練習の直前に、該当するプールドリルの見本ビデオを見てドリルのやり方を理解してください。

ドリルを練習するときは、足が沈み始めたら途中で立ってドリルを繰り返します。

バタフライを泳ぐときは、ドリル練習で意識したことができているかどうかを確認しましょう。

第4週では、ストローク・コントロール練習が追加されます。ストローク数を数えること、さらにストローク数を変えることで頭が忙しくなります。ロング・バタフライでは、ストローク数を保つことを重視しましょう。

5 スピード・バタフライ　練習メニュー

スピード・バタフライ　練習メニューについて

○練習メニューの目的

練習メニューは、プールで練習するときに行う内容を示した表です。以下のページにアクセスして入手してください。（ユーザー登録をお願いします。書籍『革命バタフライ』サポートページ　https://eswim.jp/books/rb.html）
全部で12種類の練習メニューがあります。毎週3回練習するとして1か月分あります。
基本的には泳ぐ距離、泳ぐ本数と泳ぐときのタスク（意識するポイントや達成する内容）が記載されています。またドリル練習の場合、ドリルの手順や見本ビデオのQRコードが示してあります。

スピード・バタフライでは、最終的に1回のプール練習の合算距離で1400〜1600メートルを泳ぎます。1回に泳ぐ距離は100メートルが最長です。

1週間に4回以上プール練習できるときは、どんどん先に進んで構いません。またタイムを測ることができるのであれば、毎週1回はタイムを測って記録することで、どのくらい速くなったかがわかります。

○基本的な練習方法

プール練習当日に、該当するドリルのドライランド練習を行ってください。見本ビデオを見ながら、鏡の前で練習すると非常に効果的です。なおプール練習がない日にもドライランド練習を行うと、姿勢や動きが早く覚えられます。

プール練習の直前に、該当するプールドリルの見本ビデオを見てドリルのやり方を理解してください。

ドリルを練習するときは、足が沈み始めたら途中で立ってドリルを繰り返します。

バタフライを泳ぐときは、ドリル練習で意識したことができているかどうかを確認しましょう。

スピード・バタフライでは、「ストローク数を変える」、「休憩時間を変える」、「1回に泳ぐ距離を変える」などタスクを変える練習が多数を占めます。タスクやタスクを行ったタイムを記録しておくと、どのくらい上達したかがわかります。

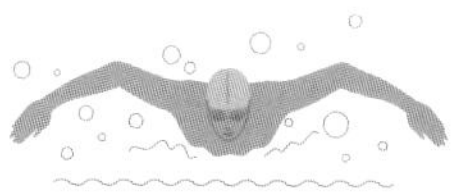

第7章
さらに「スゴイ・バタフライ」を目指す
より美しく、より速く

1 プールで注目を集める「美しくて速いバタフライ」とは

バタフライほど、選手と素人の違いが明確な種目はありません。

私は日本の大人の方たちを対象に、グアムで4日間のキャンプを年3回行っていました。グアムでの練習拠点では、大学の水泳部や日本代表チームと一緒になることが多かったのですが、ナマで見る選手の泳ぎは、桁違いに速く、桁違いに美しかったのを記憶しています。

特にバタフライは、「なんでそんなことができるの?」というぐらい、大人になってから習った人たちとは格段の差がありました。

ここでは、そんな選手たちの泳ぎに基づいて、大人が近づくことのできる「美しくて速いバタフライ」を目指すことにします。特に参考にしたのは、史上最高のスイマー、マイケル・フェルプス氏のバタフライです。インターネット上にはビデオがたくさんあるので、ぜひ探してみてください。

余談ですが、私が昔YouTubeで自分のビデオのアクセス数をチェックしていたときに、世界1位だったのが同氏のビデオでした。そのビデオのアクセス数を抜いたときに、感慨深いものがありました。

少ない水しぶき

選手たちのバタフライは、とても静かな印象を受けます。これはよく見ると、水しぶきが少ないことが理由になっています。

水しぶきの原因は、水面から離れた手が水面を叩くことです。そこでまず手の着水の仕方に注意します。具体的には顔、上腕、前腕、手のひら、指先の順番に着水します。水上に出た頭が沈むときに、前に運んでいる手は肩から沈むようにすれば、この順番で着水することができます。

また手を「水中に入れる」と意識すると、手が水面に接するときにスピードが上がって水面を叩くことになります。水中に入れるのではなく、飛行機が滑走路に着陸するように手を着水させるようにすれば、水面近くで手の動きが減速します。

さらに両手を内側に向けて動かしながら着水すると、それぞれの手が作る波がぶつかってしぶきが大きくなります。手を着水する直前にわきの下を伸ばして、前方向に動かしながら着水すると、両手が作る波のぶつかりを減らしてしぶきを前方向に立てることができます。

低いリカバリー

手を前に運ぶリカバリー動作も、選手たちと大人では大きな差があります。大人は手を前に運ぶ途中で水面にぶつからないように、手を水面からできるだけ離そうとして動かします。こうすると手を前に運ぶ時間がかかるので、その間にからだが沈みやすくなります。

一方選手たちは、水面すれすれに手を動かします。力強いキックによって上体が水面に飛び出しながら、水面から低い位置で手を前に運ぶことで、からだが沈むことなく手を運ぶ勢いを推進力にすることができます。

低い息継ぎ姿勢

選手たちのバタフライを真正面から見ると、あごが水面に接したまま息継ぎをしています。頭を水上に出す主な目的は息継ぎなので、必要最小限の高さにして頭を水上に出すエネルギーを節約するとともに、上下動を小さくしてテンポを速くしています。

このように低い息継ぎ姿勢にする最大のポイントは、顔の向きです。沈んだ頭を上げるときに、大人はつい正面を見て頭を立ててしまいます。この方が頭が急浮上するからなのですが、その勢いのまま頭が水面上に上がりすぎることになります(潜水艦の急浮上をイメージしてください)。

そこで顔の向きをY姿勢のまま変えずに、斜め下を見続けながら頭を水上に出します。頭頂部はできるだけ前を向くようにしてください。呼吸をしているときに水面しか見えなければ、低い息継ぎ姿勢ができていることになります。

またあごをセンサーとして、あごが水面から離れない程度にしながらスカリングします。あごが離れるようであれば、スカリングの向きを後ろにして、からだを前に動かすことにも使ってください。

リズミカルなうねり

バタフライのスピードはテンポで決まります。空回りをしない程度の速いテンポで泳ぐためには、からだの上下動を最小限にする必要があります。

従来のバタフライのレッスンでは、頭を上下しながら腰を曲げることでうねりを作ろうとしますが、多くの大人は頭の位置と腰の位置が上下反転するだけで、前に進む動きになりません。

一方選手たちのバタフライは、頭を固定したまま上体だけで素早いうねりを作ることができます。ポイントは上体を下げた後の動きです。大人のうねりでは胸の位置の上下だけですが、選手たちのうねりでは胸の位置が下がってから、前に移動する動きが含まれます。つまり胸の位置をあまり下げなくても、前に動かすことができれば小さく素早いうねりを作ることができるのです。

2 美しくて速いバタフライの技術を磨くドリル

（リカバリーのリハーサル）

○目的

肩の可動域を越えないリカバリーの手の動かし方を理解します。

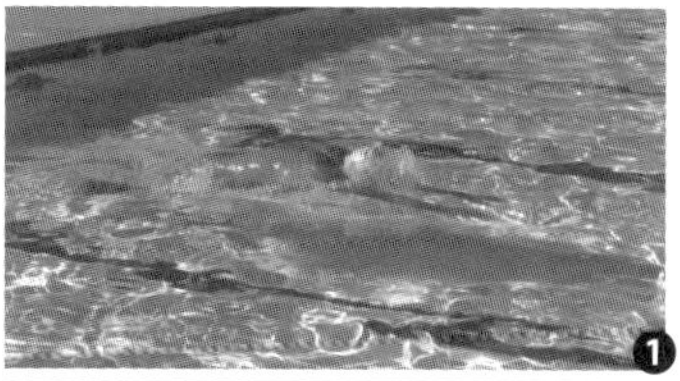

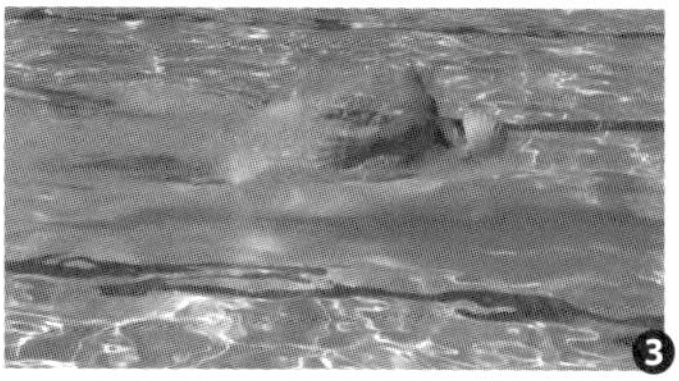

リカバリーのリハーサル
https://eswim.club/videos/D40040fo90.html

水面上すれすれで動かすことで、からだが沈むのを防ぎます。

○動作概要

キックをしながら水面直下で手を後ろに動かして、水面上すれすれで前に動かします。

○動作のステップ

①両手を前に伸ばしてスタートします。
②足が沈まない程度にバタ足でキックします。
③からだの前の面を通りながら手を水中で動かして、後ろから30度で止めます。
④手のひらは下に向けます。
⑤水面のすぐ上で手を動かして、前から30度の位置で着水します。
⑥手を水中から水上に出すときは、なめらかな動作で止めずに行います。

（頭の位置のリハーサル）

○**チェックポイント**

手が水面から離れるほど肩の可動域を超えて手が動かしにくくなるので、水面に近づけながら動かします。

手のひらは下に向けると水上で動かしやすくなります。

水上での動作を速くすると、からだが沈む前に手を着水することができます。

○**目的**

息継ぎのときの頭の位置や顔の向きを理解します。

○**動作概要**

両手を後ろに伸ばした屈んだ姿勢で、頭を沈めて上げます。

○**動作のステップ**

①屈んだ姿勢で手を後ろで浮かせて、手のひらを下に向けます。

②鼻と両唇が水面に触れるように顔を置いて、口で呼吸します。

③頭に体重をかけて後頭部まで沈めます。

④首と背中をゆるめて上体を起こして、呼吸できる位置まで頭を戻します。

○**チェックポイント**

口まで水上に出すときの、頭の位置と顔の向きを覚えます。

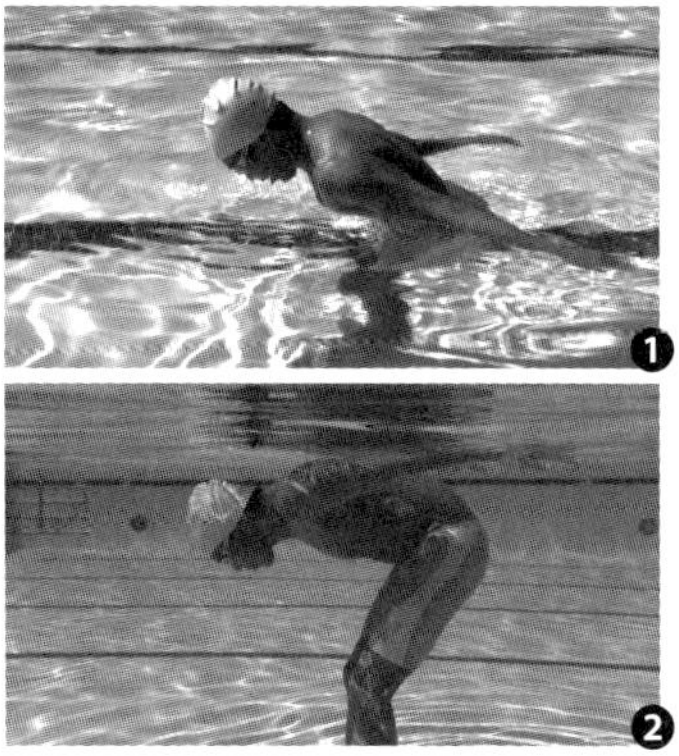

頭の位置のリハーサル
https://eswim.club/videos/D40120tw62.html

（ダイブから息継ぎしてリカバリー）

❶

❷

❸

❹

ダイブから息継ぎしてリカバリー
https://eswim.club/videos/D40150bx18.html

○目的

息継ぎからリカバリーまでをスムーズに行うための、頭や手の動かし方を理解します。

○動作概要

両手前ダイブから浮き上がりに合わせて水中で水を押して、息継ぎをしてからリカバリーします。

○動作のステップ

①両手前ダイブでスタートします。
②Y姿勢で手を動かし始めます。
③手がまゆげに近づいたら手を下方向に押して上体を起こして、ひざをゆるめます。
④ひざを素早く伸ばすと同時に手を素早く後ろに動かすことで、上体が水上に飛び出すので呼吸します。
⑤あごをひいて下を向きながら、手を素早くリカ

バリーして着水します。

○**チェックポイント**

手を水上にラクに出すために、水面に近いところで手を伸ばします。

息継ぎをした直後にあごを引いて下を向きます。

手を着水してから体重を前にかけます。

（ボディドルフィン）

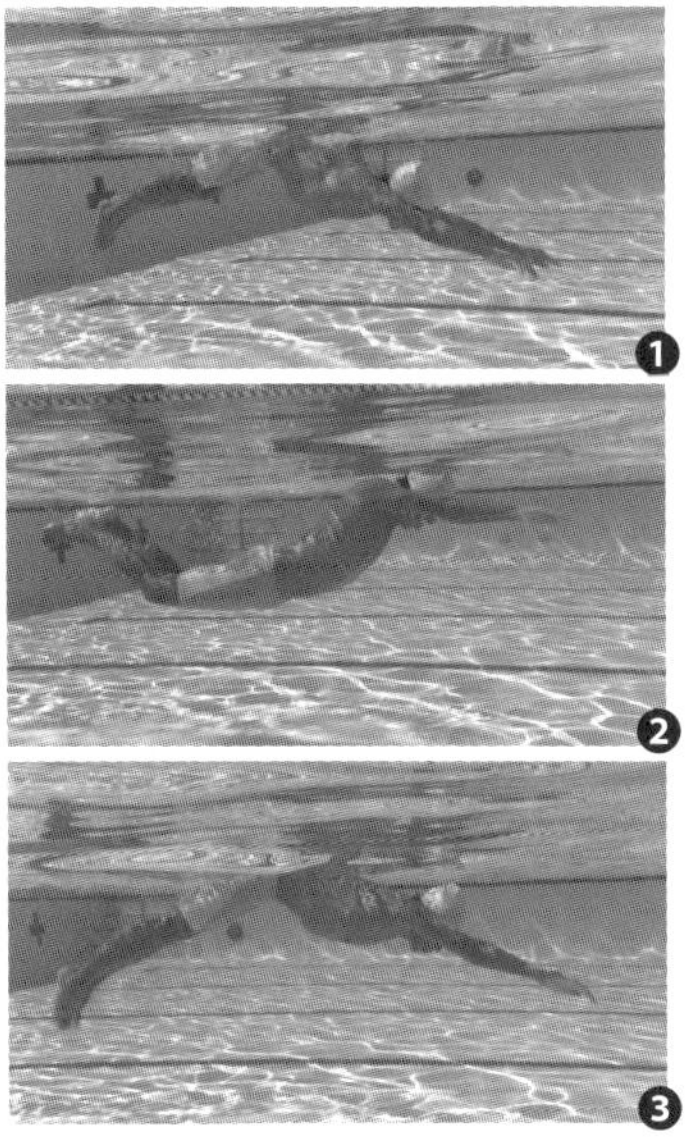

○**目的**

バタフライにおけるからだのうねり方を理解します。

○**動作概要**

両手を前に伸ばした姿勢で、胸を沈めた後に浮かして腰を沈めるボディドルフィンの動きを行います。

ボディドルフィン
https://eswim.club/videos/D40060cu12.html

○**動作のステップ**

①両手を前に伸ばしてスタートします。
②腰を下げながら肩をゆるめて上体を起こします。
③ダウンキックで腰を上げて、上体を沈めます。
④アップキックで体重をかける方向を前に変えて、胸で水を前に押します。
⑤動作を繰り返します。

○**チェックポイント**

ダウンキックまでは下を向いて、アップキックで斜め前を向くことで体重をかける向きを変えます。

アップキックしながら胸を前に伸ばすようにします。

手や頭を下げてうねりを作りません。からだの動きでうねりを作ります。

あとがき

本書をお読みいただき、ありがとうございます。

「実用書なのにカラー写真が少ない」

「文字や理論の解説が多い」

「いままでやったことがない動きばかりが紹介されている」

などなど、もしかすると、これまでとはまったく違う水泳レッスンの本に驚かれたかもしれません。

本書に記した内容は、私の経験と研究から**「本当に必要なこと」**のみを厳選して記したものです。

ぜひ、じっくり取り組んでみてください。1週間、2週間、1か月、3か月、と繰り返し取り組んでいただくことで、確実に泳ぐ力がついてくるはずです。

ここでは、実際にプールで革命バタフライの練習に取り掛かったときに起こり得ることについて、お話しておきます。

まずは陸上練習から始めましょう

本書は、3つのレベルのバタフライの技術を、それぞれ陸上で行う「ドライランド練習」とプールで行う「ドリル練習」の2つに分けて解説しています。

水泳の苦手なほぼすべての方が、陸上で正しい姿勢や動作を行うことができません。**「陸上でできき**

ないことは水中でもできない」ので、まずは鏡を見ながら陸上の練習から始めましょう。

また書籍を購入された方は、オンラインのフォローアップレッスンを無料で受講することができます。ご自分の画面を出しながら参加すれば、姿勢や動作が正しくできているかコーチがチェックしますので、ぜひご参加ください。（レッスン参加には後述のフォローアップコースの申し込みが必須です）

プールでは「みにくいアヒルの子」で臨みましょう

私たちが提供する水泳の学習方法は、動作の一部分だけを繰り返し行うドリル練習が中心です。このためプールでは他の人と違って、めずらしい動作を行うことになります。これが人によっては他人の目が気になって、ドリル練習をやめてしまうことにつながります。

そんなとき私たちは、「他人はあなたが気にするほどあなたのことを見ていませんよ」とアドバイスします。他の人は泳いだり歩いたりすることに一生懸命で、人のことを気にする余裕はありません。

そして2週間も経ってバタフライを泳ぎ始めれば、人はその成長ぶりに驚くことになります。これは「みにくいアヒルの子」と一緒ですね。いつかは美しい白鳥、いや蝶になるのだと思って、ドリルをコツコツと続けましょう。うまくいかないときは、フォローアップコースやオンラインレッスンが役に立つことでしょう。

「我が道」を行きましょう

このバタフライは革命的であるがゆえ、これまでのバタフライの常識が通用しない部分が多々あります。

このためこれまでのバタフライを習ってきた人が見ると、ついつい口を出したくなるかもしれません。「キックを2回打った方がいいよ」とか、「もっと手でかいた方がいいよ」とか、「下半身が下がっているから上げた方がいいよ」とか……。

そんなときは、「ああ、気づきませんでした。ありがとうございます！」と言って**すべてのアドバイスを無視**しましょう。これまでのバタフライの技術と、革命バタフライの技術は相容れない部分が多いのです。それは革命バタフライが、「そのやり方では大人がバタフライを習得できない技術＝いわゆるバタフライの泳ぎ方」をほとんど採用していないからです。

これまで何年もスイミングクラブのレッスンを受けてきて、バタフライを25メートル泳げなかった方を多く見てきました。そんな方たちもわずか2日間のレッスンで泳げるようになっています。年齢も関係ありません。60代、70代大歓迎です。雑音に惑わされることなく、新しい水泳の楽しみ方を体験しましょう。

バタフライが泳げるようになると広がる世界

バタフライが泳げるようになると、スイマーとしてどんな位置づけになるのかをお伝えしておきましょう。これは私たちが10年以上実施しているアンケートに基づいています。

まず、バタフライを25メートル泳げない人は成人スイマーの75パーセントに達します。もしかすると（現時点では）あなたもその1人なのかもしれません。ということは、逆にこの革命バタフライを習得し、25メートル以上泳ぐことができるようになると、成人スイマーの（上位）4分の1に仲間入りすることができるのです。

そして50メートル以上泳げると、成人スイマーのトップ9パーセントに入ることができます。これはプールで泳いでいる11人のうちのたった1人の存在になるということです。

さらに500メートル以上泳げるようになるとどうなるでしょう？

なんとトップ1パーセントに入ります。15分程度続けて泳げるようになることで、**100人に1人の希有な存在になれる**のです。

どうですか？　トップ1パーセントに入ってみたいと思いませんか？

私は心臓機能障害を持つ1級身体障害者ですが、バタフライで泳ぐ距離を次第に伸ばして、5000メートル（5500ヤード）を続けて泳げるようになりました。そのときのビデオがありますのでぜひご覧ください。

私の場合心拍数を常に監視しながら泳ぎますが、このときの平均心拍数は126で、バタフライを「ややきつい運動」として2時間半続けることができました。なお比較的早い段階で足をつりましたが、本書に記載している「連続息継ぎ」で足をまったく使わずに息継ぎする技術を使って、足がつったまま続けて泳ぐことができました。

［竹内慎司の5500ヤード（5000メートル）バタフライチャレンジ］
https://youtu.be/0TXXkckUL3Q

日本で1万人、世界で10万人のバタフライスイマーを養成したい

日本の水泳人口（水泳を運動習慣として毎週1回以上行っている人の数）は、総務省統計局「社会生活基本調査」によると、２０１６年には１７６万人と推計されます。スイミングクラブに通う10歳代を除くと、成人水泳人口は１１０万人となります。なおこのうち半数以上が65歳以上のシニア層です。先のアンケート結果より、バタフライが泳げない（25メートル未満）成人スイマーは83万人程度と推計されます。

私の目標は、このうちの1万人が、革命バタフライの技術を使ってバタフライが泳げるようになることです。

また革命バタフライは、日本だけでなく、シンガポールなどの国でレッスンが始まっています。私もオンラインレッスンで各国のコーチやスイマーを指導しています。このため世界でも10万人がこのバタフライでラクに泳げるようになることを願っています。

感染症に罹患し心臓の手術を受けた後、一度は水泳を泳ぐことも教えることもあきらめた私ですが、生かされた命を大切にしながら、みなさんが水泳で健康になるようお手伝いを続ける所存です。

本書をきっかけにして、みなさんが革命バタフライを習得されることを願っています。

２０２１年10月吉日

竹内慎司

本書を購入された方が、バタフライを確実に泳げるようにするために、さまざまなサポートを行っています。

本書に収録されているドリルの見本ビデオを見るためには

スマートフォンをお持ちなら、本書の中に表示されているQRコードをカメラアプリで表示すると、見本ビデオへのリンクが表示されてアクセスすることができます。

QRコードに一つ一つアクセスするのが大変なときや、パソコンでビデオを見たいときは、「書籍『革命バタフライ』フォローアップコース」にお申し込みください。登録は無料です（書籍を購入された方のみご利用になれます）。

「書籍『革命バタフライ』フォローアップコース」の内容

- ●本書で紹介したドリルの見本ビデオ　本書で紹介した練習メニュー
- ●さらに細かい段階に分かれた補助ドリルの見本と説明
- ●ドリル練習やバタフライがうまくいかないときの対処方法
- ●オンラインレッスン「革命バタフライ・フォローアップ」の無料ご招待
- ●バタフライ・プールレッスンの優待割引き

内容を随時更新していますので、ぜひご登録ください。ご登録はサポートページよりお願いします。

https://eswim.jp/books/rb.html

【著者について】

竹内慎司（たけうち・しんじ）

2005年にトータル・イマージョン・ジャパン（現イージー・スイミング）を設立。同年エンドレスプール（1人用プール）によるプライベートレッスン専門のスイムサロンを、千葉県松戸市に新設。2007年より東京都杉並区のフィットネスクラブのプール部門を受託運営し、成人および子ども向けのスイムスクールを展開している。著書に『誰でもラクに美しく泳げる カンタン・スイミング—効率的に泳ぐトータル・イマージョン（TI）スイム・メソッド』（ダイヤモンド社）、監修に『うつくしいクロール』（株式会社ローヤル企画）など多数。

革命バタフライで５キロ泳げる!?
https://www.youtube.com/watch?v=0TXXkckUL3Q

革命《かくめい》バタフライ

2021年11月30日　初版

著　　者　竹内慎司

発 行 者　株式会社晶文社
〒101-0051
東京都千代田区神田神保町1－11
電話　03－3518－4940（代表）・4942（編集）
URL　http://www.shobunsha.co.jp

印刷・製本　中央精版印刷株式会社

ISBN978-4-7949-7279-8　Printed in Japan